RÉSUMÉ

D'UN

COURS DE DROIT IRLANDAIS

PROFESSÉ AU COLLÈGE DE FRANCE

PENDANT LE PREMIER SEMESTRE DE L'ANNÉE 1887-1888

PAR

H. D'ARBOIS DE JUBAINVILLE

MEMBRE DE L'INSTITUT
PROFESSEUR AU COLLÈGE DE FRANCE

PARIS

ERNEST THORIN, ÉDITEUR

Libraire du Collège de France, de l'École normale supérieure,
des Écoles françaises d'Athènes et de Rome
de la Société des Études historiques

7, RUE DE MÉDICIS, 7

1888

RÉSUMÉ

D'UN

COURS DE DROIT IRLANDAIS

PROFESSÉ AU COLLÈGE DE FRANCE

PENDANT LE PREMIER SEMESTRE DE L'ANNÉE 1887-1888

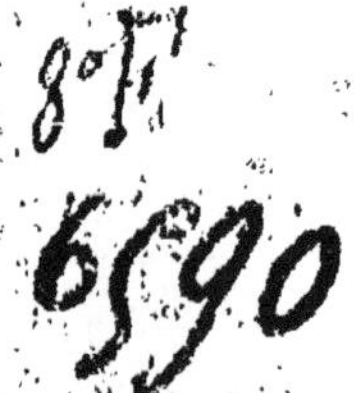

Extrait de la *Revue générale du droit.*

TOULOUSE, IMPRIMERIE A. CHAUVIN ET FILS, RUE DES SALENQUES, 28.

RÉSUMÉ

D'UN

COURS DE DROIT IRLANDAIS

PROFESSÉ AU COLLÉGE DE FRANCE

PENDANT LE PREMIER SEMESTRE DE L'ANNÉE 1887-1888

PAR

H. d'ARBOIS DE JUBAINVILLE

MEMBRE DE L'INSTITUT
PROFESSEUR AU COLLÉGE DE FRANCE

PARIS

ERNEST THORIN, ÉDITEUR

Libraire du Collége de France, de l'École normale supérieure,
des Écoles françaises d'Athènes et de Rome
de la Société des Études historiques

7, RUE DE MÉDICIS, 7

1888

RÉSUMÉ D'UN COURS DE DROIT IRLANDAIS

PROFESSÉ AU COLLÈGE DE FRANCE

PENDANT LE PREMIER SEMESTRE DE L'ANNÉE 1887-1888,

I

SOURCES DU DROIT CELTIQUE.

On a généralement jusqu'ici, en France, cherché à reconstituer le droit celtique en comparant les renseignements fournis par les auteurs de l'antiquité classique avec le droit en vigueur au moyen âge dans les pays celtiques les plus rapprochés et les mieux connus de nous : la Bretagne et le pays de Galles. C'est surtout du droit gallois que l'on a fait usage. Le droit breton, dans les chartes du neuvième siècle conservées par le *Cartulaire de Redon*, manque de clarté. Dans les coutumes de Bretagne, qui sont beaucoup plus récentes, le droit breton peut être soupçonné d'avoir fortement subi l'influence française. Le pays de Galles, au contraire, nous a conservé des coutumiers rédigés bien antérieurement à la conquête anglaise. Ces coutumiers paraissent avoir échappé à l'action du droit anglais. Deux d'entre eux sont rédigés en gallois, d'autres en latin. Dans les uns comme dans les autres, les termes techniques de droit sont d'origine celtique. Nous n'avons aucune raison sérieuse pour rejeter la doctrine contenue dans les préfaces de ces lois. Suivant cette doctrine, leur première codification aurait eu pour auteur le roi gallois Howel-dda, qui vivait au dixième siècle de notre ère.

Toutefois, lorsqu'il s'agit du droit gallois, une circonstance doit nous mettre en défiance. S'il n'y a aucune raison pour admettre que dans le droit gallois le droit celtique primitif ait été modifié par une invasion des idées juridiques anglo-saxonnes ou anglo-normandes, on peut soupçonner, on peut même affirmer *à priori* qu'il y a une action bien autrement puissante à laquelle le droit gallois n'a pas échappé : c'est celle du droit romain. Les Gallois descendent des Bretons qui ont été soumis pendant trois siècles et demi à la domination romaine. Évidemment, Rome victorieuse n'a pas détruit complètement en Grande-Bretagne le droit antérieur à la conquête. — La domination romaine en Égypte a duré plus longtemps : elle a commencé plus tôt et fini plus tard ; et, en Égypte, Rome a laissé subsister une partie des usages juridiques qu'elle y a trouvés établis ; des travaux récents, notamment ceux de M. Révillout, l'établissent péremptoirement. — Mais il ne suit point de là qu'à côté des anciens usages conservés, les Romains n'aient pas apporté avec eux des principes juridiques nouveaux ; et, dans les pays celtiques, les Romains ont notamment apporté une théorie du pouvoir des magistrats qui a produit une véritable révolution. Le roi gallois est l'héritier des magistrats romains et il exerce, à ce titre, une autorité que n'avaient jamais eue, dans les pays celtiques, les rois ni les magistrats.

Le droit irlandais, dans ses monuments les plus anciens, offre ce mérite qu'il n'a jamais subi l'influence de la domination romaine. L'Irlande n'a pas été conquise par les Romains. Les monuments les plus anciens du droit irlandais ont été rédigés bien antérieurement à l'apparition des premiers conquérants anglo-normands sur les côtes de l'île. Si donc nous voulons saisir les principes fondamentaux du droit celtique, il faut les chercher dans la comparaison du vieux droit irlandais avec les notions de droit celtique éparses chez les auteurs de l'antiquité classique tels que César, Diodore de Sicile et Strabon.

II

DATE DU SENCHUS MÔR.

Des monuments du droit irlandais, le plus considérable comme le plus ancien est connu sous le titre de *Senchas Môr* ou *Senchus Môr*, « grand recueil d'antiquités. » Le plus vieux des manuscrits qui nous l'ont conservé date du quatorzième siècle, et des savants qui savent toute espèce de choses, sauf la matière dont il s'agit, se plaisent à répéter que je prétends trouver le droit celtique le plus ancien dans les coutumiers irlandais du quatorzième siècle. Pour comprendre la valeur de cette assertion, il suffit de jeter les yeux sur l'édition du *Senchus Môr* donné par le gouvernement de l'Irlande et sur les fac-similés de manuscrits qui l'accompagnent. Les manuscrits ne contiennent pas seulement le *Senchus Mór*. Ce texte de droit y est écrit en gros caractères, en lignes largement espacées, afin de permettre l'intercalation d'une glose, et cette glose, écrite en petits caractères de la même main que le reste du manuscrit, a été écrite entre les lignes. Cette glose peut bien quelquefois n'être pas beaucoup plus ancienne que les manuscrits; dans certains manuscrits du quinzième et du seizième siècle, il y a probablement des gloses qui ne remontent pas plus haut que le quinzième et le seizième siècle; mais le texte a existé avant d'être glosé. Le savant M. Ducauroy, qui a laissé des élèves encore vivants, a publié une édition des *Institutes* avec un ample commentaire. Il ne suit pas de là que les *Institutes*, attribuées jusqu'ici à Justinien, aient pour auteur M. Ducauroy et datent du dix-neuvième siècle. Voilà, pourtant, comment raisonnent mes savants contradicteurs.

Mais, me dira-t-on, il y a de l'existence des *Institutes* des témoignages antérieurs au livre de M. Ducauroy. Mes contradicteurs ignorent qu'il est question du *Senchus Mór* dans des documents bien antérieurs au quatorzième siècle. Ainsi le *Senchus Mór* est cité dans le *Livre des hymnes* du collège de la Trinité de Dublin, qui a été écrit vers l'année 1100, et dans le *Lebor na h-Uidre*, manuscrit de la même date qui appartient à l'Académie royale d'Irlande (1); il est cité dans le glossaire irlandais rédigé par l'évêque Cormac qui mourut en 908. Ses doctrines juridiques se retrouvent dans la collection canonique irlandaise qui a été compilée vers l'année 700, et dont la bibliothèque de Cambrai possède un manuscrit écrit à la fin du huitième siècle. Il y a telle des doctrines fondamentales du *Senchus Mór* que l'on peut poursuivre jusqu'à la *Confession* de saint Patrice qui mourut vers le milieu du cinquième siècle.

On me demandera à quelle date je crois pouvoir attribuer la rédaction du *Senchus Mór*. Le plus vraisemblable, à mon avis, est qu'il a été composé vers le huitième siècle. Les doctrines qu'il énonce sur la propriété immobilière privée semblent indiquer une date postérieure au partage du sol de l'Irlande entre les habitants par les fils d'Aed Slane. Les fils d'Aed Slane moururent vers l'année 664. D'ailleurs, la langue du *Senchus Mór* paraît être bien aussi ancienne que celle des plus vieux manuscrits irlandais que nous possédions, huitième et neuvième siècle.

La tradition irlandaise fait remonter le *Senchus Mór* à une date beaucoup plus reculée. Suivant cette tradition, la composition de cet ouvrage remonterait au cinquième siècle. Elle aurait eu lieu sur la demande de saint Patrice lui-même. Elle aurait eu pour auteur une

(1) Page 11, col. 1, ligne 2.

commission de neuf personnes dont saint Patrice était la première. Mais le saint Patrice dont il s'agit ici est celui de la légende et non celui de l'histoire. Le saint Patrice de la légende vécut cent vingt ans comme Moïse ; comme Moïse, il entendit une voix miraculeuse qui sortait d'un buisson enflammé ; il devait, pour compléter la ressemblance, être comme Moïse législateur. Moïse avait donné la loi aux Juifs, saint Patrice donna la loi aux Irlandais. Le saint Patrice dont il s'agit ici n'est pas celui de l'histoire. Celui de l'histoire n'a pas vécu cent vingt ans ; les buissons ne lui ont pas adressé la parole ; il n'a pas dicté le *Senchus Môr*, il n'y a pas collaboré, quoi qu'en ait dit l'évêque Cormac dans son *Glossaire* au neuvième siècle, quoi que prétende la préface même que nous trouvons en tête du *Senchus Môr* et qui est peut-être contemporaine de Cormac.

Nous considérons donc comme vraisemblable que le *Senchus Môr* a été écrit au huitième siècle. Son auteur est un jurisconsulte, mais non un législateur. Il raisonne plutôt qu'il n'ordonne ; il cherche à faire de l'histoire juridique. Il montre une critique peu sûre, un très médiocre jugement ; mais peu importe. La forme qu'il a adoptée rend manifeste le caractère de son œuvre, qui n'est point officielle, et qui, malgré la grande autorité dont elle a joui, est un document d'un caractère privé.

III

DIVISIONS DU SENCHUS MÔR.

Le *Senchus Môr* est divisé en sept livres. Ils traitent : le premier de la saisie mobilière (1) ; le second du cautionnement (2) ; le troisième du contrat d'éducation (3) ; le quatrième du contrat de cheptel qui donnait naissance à la vassalité franche (4) ; le cinquième du contrat de cheptel qui produisait la vassalité servile (5) ; le sixième du mariage (6) ; le septième des contrats en général (7). Le gouvernement de l'Irlande a publié ces sept livres et, à la suite, il a donné quelques autres traités, parmi lesquels certains présentent une grande analogie comme style, comme mode de rédaction, avec le *Senchus Môr* et ont été glosés de la même façon ; ils ont pour objet : 1° la saisie immobi-

(1) *Ancient laws of Ireland*, t. I, p. 64-305 ; t. II, p. 2-131.
(2) *Ibid.*, t. II, p. 132-145.
(3) *Ibid.*, t. II, p. 146-193.
(4) *Ibid.*, t. II, p. 194-219.
(5) *Ibid.*, t. II, p. 220-341.
(6) *Ibid.*, t. II, p. 342-409.
(7) *Ibid.*, t. III, p. 2-79.

lière (1) ; 2° les contrats (c'est un supplément au livre VII du *Senchus Mór*) (2) ; 3° la copropriété entre les membres inférieurs de la tribu (3) ; 4° la propriété les abeilles (4) ; 5° les eaux qui appartiennent en commun à plusieurs personnes (5) ; 6° la réparation des crimes (6) ; 7° les degrés de parenté (7).

Nous allons aujourd'hui commencer l'étude du traité de la saisie qui forme le premier livre du *Senchus Mór*.

Ce traité est divisé en deux parties ; l'une qui forme la presque totalité du tome premier des Anciennes Lois de l'Irlande, est intitulée : « Des quatre espèces de saisie mobilière » (8). Le titre de la seconde partie est « De la fourrière légale, » mais cette partie ne concerne pas seulement la fourrière ; c'est aussi un supplément à la première partie. Nous laisserons de côté quant à présent cette seconde partie qui occupe les 131 premières pages du tome II des anciennes lois de l'Irlande et nous allons entamer la première partie.

Dans la première partie du traité de la saisie mobilière on peut distinguer deux sections : la première section est un recueil de règles qui concernent les quatre espèces de saisie mobilière (t. I, p. 64-251 de l'édition). La seconde section (p. 250-305) est consacrée à l'étude de trois questions dont l'intérêt juridique est médiocre : pourquoi la saisie mobilière qui comporte un délai de cinq jours est-elle plus fréquente que l'autre ? pourquoi la saisie mobilière s'appelle-t-elle en irlandais *athgabail*, c'est-à-dire ressaisie ? pourquoi dit-on qu'il y a quatre espèces de saisie mobilière ? Il y a dans la seconde section, malgré la stérilité du sujet, quelques indications intéressantes dont il pourra être ultérieurement question ; mais, pour le moment, la première section de la première partie (t. I, p. 64-251) suffira à nous occuper.

Pour bien comprendre les divisions de cette section, il faut savoir que le droit irlandais distingue deux catégories fondamentales de saisie mobilière : 1° celle où l'objet saisi restait quelque temps entre les mains du débiteur avant que le créancier ne pût l'enlever ; 2° celle où le créancier enlevait immédiatement l'objet saisi et le mettait en fourrière.

---

(1) *Ancient laws of Ireland*, t. IV, p. 2-33.
(2) *Ibid.*, p. 32-65.
(3) *Ibid.*, p. 68-159.
(4) *Ibid.*, p. 162-203.
(5) *Ibid.*, p. 206-223.
(6) *Ibid.*, p. 240-261.
(7) *Ibid.*, p. 282-295.
(8) Di cethar-slicht athgabala, littéralement « de quadruple espèce de saisie. » M. Whitley Stokes a établi que la leçon donnée par l'édition est défectueuse.

La première section (t. I, p. 64-251) se divise en trois titres : 1° généralités (p. 64-121); 2° saisie mobilière sans enlèvement immédiat (p. 120-207); 3° saisie immobilière avec enlèvement immédiat (p. 208-251); et en treize chapitres. Les trois premiers chapitres appartiennent au titre I : Généralités; les chapitres IV à VIII appartiennent au titre II : saisie sans enlèvement immédiat; les chapitres IX à XIII appartiennent au titre III : saisie avec enlèvement immédiat. Voici le sujet de chacun d'eux. Chapitre Ier : « Origine de la saisie mobilière; combien d'espèces en faut-il distinguer? » (p. 64-84); — chap. II : « Recueil de principes généraux applicables aux diverses espèces de saisie mobilière » (p. 84-113); — chap. III : « Du jours qui précède la saisie en certains cas » (p. 112-121); — chap. IV : « Saisie avec délai d'un jour au domicile du débiteur » (p. 120-144); — chap. V : « Saisie avec délai de deux jours au domicile du débiteur » (p. 144-151); — chap. VI : « Saisie avec délai de trois jours au domicile du débiteur » (p. 150-180); — chap. VII : « Saisie avec délai de cinq jours au domicile du débiteur » (p. 182-193); — chap. VIII : « Saisie avec délai de dix jours au domicile du débiteur » (p. 192-207); — chap. IX : « De la saisie sans délai au domicile du débiteur, mais avec délai en fourrière, généralités » (p. 208-213); — chap. X : « Saisie avec délai d'un jour en fourrière » (p. 214-229); — chap. XI : « Saisie avec délai de trois jours en fourrière » (p. 230-237); — chap. XII : « Saisie avec délai de cinq jours en fourrière » (p. 238-247); — chap. XIII : « Saisie avec délai de dix jours en fourrière » (p. 246-251).

IV

CHAPITRE PREMIER DU SENCHUS MÓR.

Le chapitre Ier : « Origine de la saisie mobilière, combien d'espèces en faut-il distinguer ? » se divise en trois articles : le premier est consacré au résumé d'un procès évidemment imaginaire qui, suivant la prétention de l'auteur, nous fait remonter à l'origine même de la saisie (p. 64-78). Le second article nous donne le nom du juge arbitral qui aurait rendu les premiers jugements en matière de saisie (p. 78). Le troisième article raconte quand et par qui auraient été établis les divers délais pendant lesquels les objets saisis restent tant au domicile du saisi qu'en fourrière (p. 78).

Nous allons commencer par l'étude du premier article. Il met en présence deux personnages fictifs nommés l'un Conn, l'autre Fergus. Conn est dit « au premier contrat » parce qu'il est l'auteur du premier contrat mentionné dans le *Senchus Mór*. Fergus est surnommé « mangeur de pré » parce que ses vaches mangent l'herbe d'un pré litigieux. Fergus avait dans sa clientèle ou dans sa parenté un certain Rohald « aux lèvres jaunes », qui fut tué par un parent ou un client de Conn : il est surnommé « aux lèvres jaunes » ou « livides, » c'est-à-dire « le mort, » parce que son rôle dans l'affaire est d'être mort : de là demande en dommages intérêts par Fergus. Conn accorda la réparation exigée par Fergus, ce fut le « premier contrat. » De là le surnom porté par Conn. La réparation consentie par Conn « au premier contrat » consista en deux choses : 1° Une femme libre nommée Dorn, qui faisait partie de la famille ou de la clientèle de Conn fut livrée à Fergus pour le servir comme esclave; 2° un pâturage qui appartenait à Conn et qu'on appelait « terre des vaches de Conn » fut abandonné à Fergus, et celui-ci le fit pâturer par ses vaches, d'où son surnom de « mangeur de pré. » La paix semblait rétablie définitivement entre les deux parties, quand un événement imprévu ralluma la discorde. Dorn dit en face à Fergus une vérité insultante. Fergus, dans un accès de colère, tua Dorn. La famille (*fine* en irlandais) de Dorn est personnifiée par le récit dans un certain Fine ; Fine prit les armes pour venger ce meurtre et causa de grands maux à Fergus. Mais celui-ci attaqua Fine et le tua dans une île du lac Rudraide, aujourd'hui Dundrum-Bay au comté de Down.

A l'époque où eurent lieu le meurtre de Dorn et celui de Fine, Conn ne pouvait en tirer vengeance, il était mort ; mais il avait laissé un héritier. Celui-ci voulut obtenir une réparation. A cette fin, il envoya un mandataire nommé Assal dans le pré cédé précédemment par Conn à Fergus. Dans ce pré paissaient des vaches qui appartenaient à Fergus : c'est de là que Fergus tire son surnom de « Mangeur de pré. » Ces vaches étaient sous la garde du pâtre Mug, fils de Nuadu. Conformément aux instructions de l'héritier de Conn, Assal saisit, en présence du pâtre Mug, trois des vaches de Fergus. Sans aucun délai, il les emmena et les mit en fourrière chez le saisissant, c'est-à-dire chez l'héritier de Conn, sur les bords de la Boyne. Mais, dès la nuit suivante, elles s'échappèrent et vinrent retrouver leurs veaux à l'étable, chez Fergus. Assal, mandataire de l'héritier de Conn, s'apercevant de cet accident, se rendit à l'étable de Fergus le lendemain au point du jour, et, au lieu de trois vaches, il en emmena six, c'est-à-dire le double. Quand le saisi reprend les objets saisis, il doit la peine du vol, le double (*Ancient laws of Ireland*, t. II, 79-80). Qu'allait-il arriver ? Allait-on voir les deux parties prendre les armes ?

Heureusement Fergus mourut sur les entrefaites. Coirpre, héritier de Fergus, était un homme pacifique qui aimait la justice et avait l'habitude de la pratiquer. On le surnommait « coutumier de justice, » en irlandais, *gnáth-choir*. Il est, dit-on, un des sages auxquels on doit l'usage de laisser, la plupart du temps, pendant quelques jours, au domicile du débiteur, les objets saisis par le créancier. Au lieu de venir, les armes à la main, attaquer l'héritier de Conn et essayer de lui reprendre les six vaches, il lui offrit de paraître devant arbitre, et, comme témoignage de sa bonne volonté, il lui fit accepter des gages en échange des six vaches enlevées par Assal. Au jour convenu, Coirpre et l'héritier de Conn se présentèrent devant un arbitre. L'arbitre fut Sen fils d'Aige (« Vieux » fils de « Chef »); il reconnut qu'une réparation était due à l'héritier de Conn pour les meurtres de Dorn et de Fine, commis par Fergus. La sentence détermina en quoi consisterait cette réparation. Elle condamna Coirpre à rendre à l'héritier de Conn le pré qui avait été cédé par Conn à Fergus, en dédommagement du meurtre d'Echaid « aux lèvres jaunes. » Cette sentence fut exécutée. L'héritier de Conn rentra en possession du pré cédé par son auteur à Fergus dit le Mangeur de Pré.

Remarquons que, dans la procédure qui précède cette solution, il y a deux saisies. D'abord, une saisie de trois vaches, *gabail*; ensuite une saisie de six vaches; celle-ci est une ressaisie, *athgabail*. Or, *athgabail* est le nom de la saisie mobilière irlandaise. Telle serait l'origine de ce nom. La première fois que la saisie mobilière a été pratiquée en Irlande, il y a eu une ressaisie, *athgabail*; depuis, le nom de ressaisie, *athgabail*, est resté à la procédure de la saisie mobilière.

Ce récit a été inventé pour satisfaire le désir de trouver une étymologie à un terme technique de droit. Les surnoms de Conn dit « au premier contrat, » de Fergus dit « le Mangeur de pré, » de Coirpre dit « le Coutumier de justice, » d'Echaid « aux lèvres jaunes, » ont été fabriqués en même temps que cette fable juridique. Les glossateurs ont confondu Conn « au premier contrat, » et Fergus « Mangeur de pré, » avec deux personnages de la littérature épique. Conn *Cét-chathach*, et Fergus *Mac Lethi*. C'est une erreur évidente. Le grand intérêt de la fable juridique, par laquelle débute le *Senchus Mór*, est de nous montrer en action la procédure d'une époque où la juridiction des magistrats n'était pas obligatoire; cette procédure consistait en actes personnels des parties suivant des règles déterminées. Mais ces actes et ces règles n'étaient imposés que par le respect de la coutume et par la crainte d'être obligé de recourir soit au duel entre les deux parties, soit à une guerre entre leurs familles, ressource extrême et redoutée, même en ces temps où la vie de l'homme était bien plus exposée qu'aujourd'hui.

Voici la traduction du texte :

« 1. Trois vaches blanches, — 2. Assal [mandataire de l'héritier » de Conn] les emmena — 3. devant Mug, fils de Nuadu : — 4. par » saisie avec enlèvement : — 5. afin qu'elles dormissent la nuit — » 6. à Ferté sur la Boyne.

» — 7. Elles échappèrent au saisissant et à son mandant — 8. elles
» avaient laissé leurs veaux : — 9. le lait blanc tachait la terre.

» — 10. Assal les alla chercher — 11. en sorte qu'il prit six va-
» ches laitières, — 12. à la maison au point du jour.

» — 13. Ensuite des gages furent donnés au saisissant et à son man-
» dant — 14. par Coirpre le coutumier de justice — 15. pour saisie,
» pour ressaisie, — 16. pour garde par le saisissant, pour garde par
» lui et par son mandant, — 17. pour coopération par le mandant
» qui avait vu, pour ratification par le mandant.

» — 18. La terre des vaches de Conn au premier contrat — 19. où
» Assal saisit tant de bêtes à cornes — 20. avait été acquise par Fer-
» gus mangeur de pré — 21. en vengeance de la grosse injure à lui
» infligée — 22. par le meurtre d'Echaid aux lèvres jaunes.

» — 23. Dorn lui avait été donnée en esclavage. — 24. Elle mourut
» à cause de la vérité — 25. qu'elle dit en face à Fergus.

» — 26. Fergus fit un exploit — 27. au lac Rudraide contre Fine
» — 28. pour le tuer à cause de ses grands crimes.

» — 29. Et cependant sa terre revint en possession — 30. de l'hé-
» ritier de Conn. »

Voici le texte :

1. Teora ferba fira
2. do-su-acht Assal
3. ar Mug, mac Nuadat,
4. gabail co toxal,
5. co foetar aidchi
6. Fertal for Boind.
   7. Asluiset huadaib :
8. facubsat a laegu,
9. [f]laith find for tellraig.
   10. Etha an iarair
11. co tocta so dolechaib
12. treibi ar toldriuch.
   13. Geilta dib iarom
14. la Coirpre Gnāthchor
15. di gabail, di athgabail,
16. di detlu, di chomdetlu,
17. di airesiu, di aititiu.
   18. Tir ba Chuind Cēt-choraig,
19. a-san gabaid il-benda,
20. berta Fergus Fēr-glothech,
21. in digail a-throm-greisi
22. di guin Ech[d]ach Belbuidi.
   23. Bretha Dorn in ansairi;

24. do céirr in a hrindi
25. sich in gnuis Fergusa.
   26. Forais Fergus ferchtus
27. Finech il-loch Rudraide
28. di marbad a már-cinta
   29. Taisic a thir imurro io selba
30. hi Cuind comorba

Ce morceau est en vers, mais en vers irréguliers qui échappent à une des règles fondamentales de la versification irlandaise, ils ne sont pas divisés en quatrains.

Ils composent le premier article du chapitre premier.

L'article 2 est ainsi conçu :

« Sen mac Aige (« Vieux » fils de « Chef ») porta les premiers juge-
» ments sur saisie jusqu'à une assemblée de provinces tenue par trois
» races libres qui se partageaient cette île. » (p. 78.)

Sen mac Aige est aussi l'auteur prétendu d'une décision mentionnée au chap. IV, art. 19, p. 420; il aurait jugé que, lorsque le délai de la saisie est fixé par l'usage à un jour, le débiteur ne peut exiger un délai de trois jours; le débiteur, en ce cas, doit seulement être at-tendu jusqu'au lendemain.

On ne peut séparer l'article 2 de l'article 3 dont voici la traduction :

« Dans cette assemblée, ces trois races décidèrent ce qui suit :
» 1° Un jour pour toute chose très pressée; 2° Trois jours pour les
» choses pressées; 3° Cinq jours contre un défendeur capable ou
» *sui juris*; 4° Dix jours contre celui qui a droit à prolongation de
» délai; 5° Deux jours par femmes demanderesses; 6° Douze par elles
» à propos de champ; 7° Trois jours par roi demandeur, c'est-à-dire
» trois jours seulement dans sa seigneurie, afin qu'il se débarrasse
» rapidement de la circonscription appelée *tuath*; 8° Treize jours par
» lui quand il passe la frontière, afin que chacun trouve de quoi
» payer; car témoignage de roi l'emporte sur tout autre, son témoi-
» gnage est décisif contre tout droit invoqué par un autre noble, à
» moins que ce noble ne soit un de ses deux égaux, le docteur en
» science profane, ou l'évêque; » une glose intercalée dans le texte
ajoute « le pèlerin. »

Des huit paragraphes que nous avons distingués dans l'article 3, les plus importants sont les quatre premiers. Ils concernent les quatre espèces de saisie qu'annonce le titre placé en tête du premier livre du *Senchus Mór* : « Des quatre espèces de saisie mobilière. » Sur l'ori-gine des quatre espèces de saisie, nous avons un autre texte au chapi-tre IV, art. 25, p. 150, 152. On y lit que Ailill, fils de Matach, rendait sans délai des jugements sur saisie; mais que Coirpre Gnáthchoir intervint; Coirpre exigea que le défendeur eût un délai d'un jour, de trois, de cinq ou de dix jours. Le premier délai de trois jours aurait été donné à des guerriers sommés de fournir des hommes pour l'armée d'Ailill, fils de Matach. Ailill, fils de Matach, est le roi épique de Connaught, adversaire de Conchobar, roi épique d'Ulster, et du héros Cûchulainn, c'est-à-dire de l'Agamemnon et de l'Achille irlandais. Ici nous sortons de l'hypothèse juridique pour entrer dans l'histoire légendaire de l'Irlande. Ailill est le chef d'une ligue du Connaught, du Leinster et du Munster contre l'Ulster, où régnait Conchobar. L'assemblée de trois races libres dont parle l'article 2, est, paraît-il, l'assemblée des guerriers du Connaught, du Munster et du Leinster pour attaquer l'Ulster lors de la guerre légendaire dont le récit est connu sous le nom de *Táin bó Cuailnge*. Il ne faut pas prendre au sérieux l'assertion de l'auteur du *Senchus Môr*, quand il rapporte à une décision de cette assemblée l'origine des délais de la saisie. Les origines juridiques n'ont jamais de date précise à ces époques reculées, et la légende ne peut nous apprendre comment et quand a commencé une institution.

Les quatre premiers paragraphes correspondent chacun à deux chapitres, l'un de la deuxième section « Saisie avec délai chez le défendeur, » l'autre de la troisième section « Saisie avec enlèvement immédiat. » On trouvera, en effet, le développement du premier paragraphe, « Saisie d'un jour, » au ch. IV, art. 20, p. 122-145, et au ch. X, art. 38-40, p. 214-231. Pour le deuxième paragraphe, « Saisie de deux jours, » il faut se reporter au ch. VI, art. 25-30, p. 150-183, et au ch. XI, art. 41-43, p. 230-237. Pour le troisième paragraphe, « Saisie de cinq jours, » voir le ch. VII, art. 31-32, p. 182-193, et le ch. XII, art. 44-46, p. 230-247. Pour le quatrième paragraphe, consultez le ch. VIII, art. 33-35, p. 192-207, et le ch. XIII, art. 47, p. 246-251. Ces quatre espèces de saisie se pratiquent, en effet, suivant deux systèmes. L'un de ces systèmes comporte (ch. IV, VI, VII, VIII, p. 122-207) maintien de l'objet saisi entre les mains du défendeur pendant un délai de durée égale au nombre de jours qui donne son nom à l'espèce de saisie dont il s'agit : un jour, trois jours, cinq jours, dix jours ; l'enlèvement et la mise en fourrière n'ont lieu qu'après l'expiration de ce délai ; l'autre système (ch. X-XIII, p. 214-251) est caractérisé par l'enlèvement immédiat de l'objet saisi, qui aussitôt est mis en fourrière. Dans l'un et l'autre système, les droits du défendeur sur l'objet saisi restent intacts en fourrière pendant le nombre de jours désigné par le nom de l'espèce de saisie qui a été pratiquée : un jour, trois jours, cinq jours, dix jours. Une fois ce délai expiré, le défendeur commence à perdre par fractions, et jour par jour, ses droits sur l'objet saisi, qui finit par devenir propriété du saisissant.

Des deux systèmes, le premier en date est celui qui est placé le second dans le *Senchus Mór* (ch. X-XIII, p. 230-251). Originairement, la saisie immédiate était seule connue. Le délai pendant lequel l'objet saisi reste entre les mains du défendeur est une innovation relativement récente; elle a été introduite pour rendre plus favorable la position du défendeur. Il résulte de là que les chapitres les plus anciens du traité de la saisie mobilière sont les chapitres X-XIII, art. 38-47, p. 214-251. Le rédacteur du *Senchus Mór* a conservé ces chapitres tels qu'ils avaient été originairement composés sans se préoccuper des contradictions qui résultent de leur rapprochement avec les chapitres IV, VI, VII, VIII.

Ainsi, au ch. X, art. 20, la saisie pratiquée à propos de la construction d'un fort est placée parmi les saisies immédiates d'un jour, (p. 214, l. 25-26, et p. 218, l. 25-27). Cette disposition est maintenue dans le texte et dans la glose, bien qu'elle soit révoquée par la décision plus récente, qui prescrit de laisser pendant un jour entre les mains du défendeur l'objet saisi, toutes les fois qu'il s'agit de faire exécuter les règles de droit relatives à un fort. (Ch. IV, art. 20, p. 122, l. 20-21, p. 130, l. 29-30).

Au ch. XI, art. 42, p. 230, l. 20-21, nous voyons que celui qui ne se rend pas à une expédition militaire pour laquelle il a été convoqué, celui qui ne paie pas la rente qu'il doit, celui qui ne s'est pas trouvé à une assemblée, celui qui ne fait pas le service d'attaque ou de défense, peuvent être saisis; que l'objet saisi est enlevé immédiatement, et qu'ils ont un délai de trois jours pour s'exécuter; passé ce délai, l'objet saisi devient peu à peu, par fractions, la propriété du saisissant. Or, la même énumération : expédition militaire, rente, assemblée, service d'attaque et de défense, se trouve au ch. VI, art. 26, p. 156, l. 26-27, dans la nomenclature des cas où le défendeur a droit de garder chez lui pendant trois jours les objets saisis : ces objets ne sont enlevés par le saisissant qu'au bout de trois jours, et le défendeur a un nouveau délai de trois jours, après lequel seulement l'objet mis en fourrière commence à devenir la propriété du demandeur. Ainsi le ch. VI abroge une partie du ch. XI dont, cependant, le texte primitif est maintenu.

En cas de meurtre caché, celui qui est accusé peut être mis en demeure de se justifier par serment. La voie de contrainte est la saisie. Aux termes du ch. XII, art. 44, p. 236, l. 24-25, l'objet saisi est enlevé immédiatement; et, au bout de cinq jours, la propriété de cet objet commence à passer entre les mains du demandeur. Mais le ch. VII, art. 32, p. 184, l. 9 accorde au saisi la faveur de conserver la possession de l'objet saisi pendant cinq jours avant l'enlèvement de cet objet; et cet objet, une fois enlevé, reste en fourrière, propriété du saisi pendant un second délai de cinq jours; total, dix jours au lieu de cinq seulement. Encore une contradiction qui n'a pas empêché de maintenir le texte abrogé.

Au ch. XIII, art. 46, p. 214, l. 21-22, et p. 248, l. 30, nous voyons que la saisie pour réparation d'un meurtre non caché se fait avec enlèvement immédiat de l'objet saisi, et que le délai en fourrière est de dix jours. Mais le ch. VII, art. 32, p. 184, l. 5-20, modifie cette disposition en décidant que l'objet saisi restera cinq jours entre les mains du défendeur, et cinq autres jours en fourrière : la durée totale du délai est la même, mais il est plus avantageux pour le défendeur de rester pendant cinq jours en possession de l'objet saisi.

Il est donc démontré qu'en insérant dans sa compilation deux ordres de textes de date différente dont les plus anciens contiennent la législation primitive des quatre espèces de saisie (ch. X-XIII, art. 38-47, p. 214-251), l'auteur a maintenu dans ces textes anciens un certain nombre de dispositions abrogées par une législation plus récente, c'est-à-dire par celle qui donne en nombre de cas, au défendeur, le droit de garder chez lui, pendant un temps déterminé, les objets saisis (ch. IV, VI, VII, VIII, art. 20, 26-35, p. 122-145, 156-207).

A la catégorie des innovations appartiennent aussi les §§ 5 et 6 de notre art. 3, concernant, l'un la saisie mobilière, l'autre la saisie immobilière, pratiquées toutes deux par les femmes. Elles sont toutes deux l'objet du ch. V : à l'une, saisie mobilière, est consacrée l'art. 24, p. 130-135 ; à l'autre, saisie immobilière, l'art. 23, p. 146-151. La saisie par les femmes était inconnue lors de la plus ancienne rédaction, qui comprend seulement les chapitres X-XIII, p. 214-251. L'ancienne rédaction n'admet pas plus le droit des femmes que la conservation momentanée par le défendeur de l'objet saisi. La saisie mobilière par les femmes, appartenant à la rédaction nouvelle, comporte toujours un délai pendant lequel l'objet saisi reste entre les mains du défendeur. Ce qui concerne cette saisie a été intercalé ici d'une façon très maladroite : le délai observé par la femme qui saisit un objet mobilier est de deux jours ; on aurait donc dû mentionner cette saisie entre la saisie d'un jour et celle de trois, et on l'a placée après la saisie de dix jours.

Ce n'est pas tout : le rédacteur n'a pas cru devoir séparer de la saisie mobilière pratiquée par les femmes la saisie immobilière opérée par elles ; ce sont deux procédures imaginées probablement à la même date. Mais la saisie immobilière faite par les femmes n'est pas à sa place dans le *Senchus Mór*, qui ne parle pas de la saisie immobilière par les hommes. La saisie immobilière par les hommes et par les femmes est l'objet d'un traité spécial. En nous parlant de la saisie immobilière par les femmes (ch. I, art. 2, § 6, p. 78, l. 15-16, et ch. V, art. 29, p. 146-154), l'interpolateur a commis une faute grave contre une des règles les plus élémentaires de la composition littéraire.

Les §§ 7 et 8 de l'art. 2, p. 78 sont encore une interpolation dont l'objet se conçoit difficilement, car ils ne correspondent à aucune division du traité de la saisie. Ces paragraphes nous apprennent que lorsqu'un roi fait faire une saisie dans le territoire soumis à son autorité, il doit donner un délai de trois jours ; mais quand la saisie a lieu hors des limites (crich) de la circonscription appelée *tuath* (cette circonscription est précisément le territoire soumis à l'autorité du roi), alors le délai de trois jours déjà mentionné est augmenté d'un second délai ; celui-ci est de dix jours.

Le délai de trois jours a déjà été mentionné au § 2 ; il est l'objet du ch. VI, p. 150-152, 156-183, et du ch. XI, p. 230-237. Dans ces deux chapitres, en tête des articles 26 (p. 156, l. 27, 28) et 43 (p. 230, l. 20-23) figurent les saisies pratiquées envers ceux qui, malgré une mise en demeure, ne se rendent pas à une expédition guerrière, *sloiged* ; ne paient pas une rente, *cis* ; ne se rendent pas à une assemblée, *congbail* ; etc. Ce sont là des saisies qui se font au nom du roi. Dans l'art. 25, le premier du ch. VI (p. 152, l. 2-3), il est aussi question d'une expédition guerrière ordonnée par un roi et d'une saisie opérée à cette occasion : le délai fut de trois jours.

La *tuath*, dans l'intérieur des limites de laquelle le roi saisissant accorde un délai de trois jours au défendeur, est une circonscription irlandaise qui peut être comparée à la cité romaine. La *tuath* paraît être la circonscription que Giraud de Cambrie, à la fin du XIIe siècle, appelle *cantaredus*. Suivant Giraud, il y aurait eu en Irlande cent soixante-treize *cantaredi*, savoir : trente-deux dans chacune des grandes provinces d'Ulster, Connaught, Leinster, Munster septentrional, Munster méridional, ce qui donne un total de cent soixante *tuath* subordonnées aux cinq rois provinciaux d'Ulster, Connaught, Leinster, Munster septentrional (Thomond), Munster méridional (Desmond). Seize autres *cantaredi* étaient situés dans le *Meath* et placés directement sous l'autorité du roi suprême (1).

Un poème irlandais, conservé par des manuscrits du XVIe siècle, appelle ces circonscriptions *tricha* et en compte

> 18 en Meath,
> 30 en Connaught,
> 25 en Ulster,

______

(1) *Topographia hiberniae*, Distinctio III. C. V., édition donnée par James Dimock, p. 145.

31 en Leinster,
70 en Munster.

Total. . .   484 (1) au lieu de 173.

Chacune de ces circonscriptions avait un roi, vassal du roi provincial, comme celui-ci du roi suprême, et chaque roi, dans sa *tuath*, devait à ses sujets saisis le délai de trois jours ; mais, quand le roi passait la frontière *crich* de sa *tuath*, un délai de dix jours s'ajoutait au délai de trois jours. C'est l'application d'une règle posée au ch. XIII, art. 47, p. 246, l. 19-20 : la saisie opérée hors de la frontière, *athgabail tobach dar crich*, est placée dans la nomenclature des saisies qui donnent au défendeur droit à un délai de dix jours.

Dans chacune de ces *tuath* il y avait : 1° un roi; 2° un *sui* ou « savant laïc, » appelé ailleurs *file* ; 3° un évêque, ces deux derniers égaux du roi, plus un certain nombre d'autres nobles inférieurs au roi. Le noble, en général, roi compris, s'appelle, en irlandais, *flaith*, au génitif, *flatho* ; le noble inférieur au roi se nomme *aire*, au génitif *airech* ; le droit des nobles en général est ce qui est spécialement désigné par le mot *recht* (ch. XI, art. 44, p. 230, l. 4, 9, 10). Quand le droit des nobles est en opposition avec celui du roi, le témoignage du roi suffit pour assurer le triomphe de la cause royale. Il y a deux exceptions, c'est quand le droit opposé à celui du roi est celui d'un de ses deux égaux : le *sui* et l'évêque. Remarquez le rang donné au *sui* ou savant laïc ; il a ici le pas sur l'évêque. Le même ordre n'est pas observé dans l'introduction du *Senchus Mór*, document un peu postérieur, p. 54 : « Il y a trois dignitaires de *tuath* qui sont dégradés : le » roi, qui rend un faux jugement ; l'évêque qui tombe (2); le *file* qui » prend plus qu'il ne lui est dû ; le noble indigne qui n'accomplit pas » son devoir. » Dans ce texte postérieur au *Senchus Mór*, l'évêque a conquis la prééminence sur le *file* ou *sui*.

Ce texte nous éloigne bien des diverses espèces de saisie et de leur classification. Jusqu'à présent nous n'avons pas vu très clairement en vertu de quels principes les cas où la saisie est pratiquée par un homme, *vir*, ont été divisés en quatre classes comportant chacune un délai de longueur différente. L'auteur du *Senchus Mór* a cherché à deviner quels sont ces principes ; il s'en est occupé plus loin, à propos de la saisie immédiate, dans trois endroits.

(1) O'Curry, *The battle of. Magh Leana*, p. 106-108. Cf. O'Conor, *Bibliotheca ms. Slowensis,* p. 91-92.

(2) Sur l'évêque qui tombe, voyez la collection canonique irlandaise, l. XI, c. 1, 2° édition de Wasserschleben, p. 30.

1° Chap. X, art. 40, p. 228-229, où il est question de la saisie im-médiate d'un jour.

2° Chap. XI, art. 43, p. 236-237, où il s'agit de la saisie immédiate de trois jours.

3° Chap. XII, art. 45, 46, p. 238-247, et chap. XIV, art. 48, p. 250-257, qui concernent la saisie immédiate de cinq jours.

Nous étudierons ces textes en leur lieu, et nous verrons que l'au-teur n'a pas toujours eu grand succès dans ses recherches; cependant ces passages du texte légal sont intéressants à divers points de vue.

V

CHAPITRE II DU SENCHUS MÔR.

Recueil de principes généraux applicables aux différentes espèces de saisie mobilière.

ART. 4.

« Ne peut ni enlever les objets saisis ni former le lien de droit
» sans lequel il n'y a pas de saisie, quiconque n'est pas accompagné
» d'un savant orateur capable d'adresser la parole à l'assemblée
» dite *airecht*, en sorte que ce soit contre œil qu'on pate, car chez
» les Féne personne ne témoigne d'une chose qu'il n'aurait pas re-
» marquée. Est exclus du bénéfice de l'assemblée dite *airecht* qui-
» conque ne sait celn. »

Cet article émet deux hypothèses : — 1re hypothèse, saisie avec en-lèvement immédiat; — 2e hypothèse, saisie sans enlèvement immé-diat; l'objet saisi reste temporairement entre les mains du défendeur. En ce deuxième cas, le résultat de la saisie est de créer entre les deux parties un lien de droit dont l'effet est d'ôter au défendeur la libre disposition de l'objet saisi. Le défendeur devient gardien de l'objet saisi jusqu'au moment où, s'il ne donne pas au créancier soit paie-ment, soit au moins des sûretés, le créancier enlèvera l'objet saisi.

Que l'enlèvement soit immédiat ou non, le créancier doit se faire accompagner d'un avocat, *sui tengthad*, dit le texte légal, littéralement « docteur qui a une langue. » Ailleurs, « avocat » se dit *aigned* (1). L'avocat amené par le demandeur a un double rôle : il assiste à la saisie, qu'elle soit faite dans l'une ou l'autre forme; il constate *de visu* que le demandeur a procédé régulièrement. Telle est la première par-

____

(1) P. 90, l. 36; p. 92, l. 28-33; p. 288, l. 21, 33, 34; t. II, p. 80, l. 10.

tie de sa tâche. La seconde partie est de se présenter devant l'assemblée, *airecht*, qui jugera de la validité de la saisie, et là de raconter ce qu'il a vu. Pour remplir la première partie de cette tâche, il faut savoir le droit. Celui qui ne connaît pas à fond toutes les règles, dont la violation entraînerait la nullité de la saisie, ne verra pas si ces règles sont observées Pour s'acquitter de la seconde partie de cette tâche, il faut connaître l'art de parler en public. Celui qui n'a pas une certaine habitude de la parole ne saura pas exposer aux juges comment la saisie s'est opérée.

L'avocat est, en même temps, un témoin. S'il n'est pas témoin, s'il n'a pas vu, sa parole est sans valeur. Tel est le sens du brocard de droit : « c'est contre œil qu'on paiera. » Voilà pourquoi l'auteur cite un autre brocard : « Chez les Féné personne ne témoigne d'une chose qu'il n'aurait pas remarquée. »

Un témoin suffit quand on signifie saisie et ce témoin est l'avocat. Si l'on enlève l'objet saisi, il faut un second témoin outre l'avocat, t. I, p. 288, l. 19-21 ; t. II, p. 122, l. 27-28.

Remarquons bien que l'expression propre pour désigner l'avocat n'est pas employée ici. On l'appelle *aigned*, au génitif *aigneda*. Il en sera question plus loin (art. 6, p. 90, l. 30).

Art. 5.

« Ne peuvent saisir ceux qui sont incapables : 1° de faire partie de
» l'assemblée dite *airecht* ; 2° de servir de caution ; 3° de contracter ;
» enfin les chefs de l'assemblée dite *airecht*. Ne peuvent procéder à
» une saisie ni l'esclave, ni le pâtre, ni le fou, ni le serf appelé *faidir*,
» ni l'homme qui s'est placé sous la protection d'autrui. »

Pour saisir valablement, il faut : 1° faire partie de l'assemblée dite *airecht*, c'est-à-dire de l'assemblée des citoyens, de l'assemblée qui exerce les pouvoirs judiciaires et législatifs dans la cité, *tuath*, c'est-à-dire qu'il faut être citoyen. Il faut : 2° pouvoir être caution *ráth*, c'est-à-dire offrir assez de solvabilité pour que le défendeur soit certain d'être remis en possession des objets saisis et de recevoir, en outre, des dommages-intérêts dans le cas où, allant devant arbitres, il gagnerait son procès. Celui qui est capable de donner caution c'est, dans le sens propre du mot, celui qui est appelé *urrad*. On trouve ce mot au livre II du *Senchus Mór*, t. II, p. 190, l. 1 : accompagné d'*urchonn* « pleinement *sui juris* » Il y désigne l'homme qui a l'entière responsabilité de ses actes, *urrad urchonn*. Comparez *cond*, art. 2, § 3 (t. I, p. 78, l. 14), art. 10 (p. 102, l. 21). Celui qui ne peut donner caution est, dans le sens propre du mot, celui qui est appelé *deorad*. Voyez la glose, p. 86, l. 2. *Deorad* a pris le sens d' « étranger, » et

urrad celui de « natif d'Irlande. » Mais il ne suffit pas d'être irlandais
pour pouvoir saisir ; il faut avoir la solvabilité correspondant à l'importance de la saisie. C'est ce que dit l'art. 14, p. 102, l. 26-28.

« On ne peut entamer de procès si l'on ne possède l'équivalent des
» bêtes mises en fourrière jusqu'au moment où l'on établit par témoin
» la régularité de la saisie. »

Le *deorad* ne peut pratiquer de saisie que si un *urrad* l'accompagne
et prend la responsabilité de l'opération. Voir la glose, p. 104, l. 28-30.
Outre le *deorad*, la glose, p. 86, l. 1-2, nomme quatre catégories d'in-
dividus incapables de donner caution, en irlandais *bard*, *lethcerd*,
cainte, *muirchuirt*. Ce sont autant de catégories d'insolvables. Le
barde, en Irlande, est celui qui se mêle de littérature, mais qui n'a
pas fait d'études (O'Donovan, supplément à O'Reilly, au mot *bard*). Il
n'a besoin ni de savoir lire, ni de savoir ce que c'est que le pied d'un
vers (O'Davoron, au mot *eolus*, Whitley Stokes, *Three irish glossaries*,
p. LXVI, 81). Le *lethcerd* est le demi-savant, le demi-artiste, trop peu
capable ou trop peu instruit pour gagner grand'chose. Le *cainte* est
le sorcier qui, par ses incantations, jette *un sort* sur les gens, comme
on dit en français. Le *muirchuirt*, littéralement « celui qui a fait un
tour sur mer, » est l'étranger qui est arrivé par mer et qui, ayant fait
naufrage, devient une sorte d'esclave ; le maître du *muirchuirt* est
responsable quand celui-ci commet un crime ou un délit, art. 26,
p. 158, l. 30 (1).

La troisième condition qu'il faut remplir pour pouvoir pratiquer
une saisie est d'être capable de former un contrat, *naidm*, ce qui
suppose la capacité d'aliéner ; en effet, pratiquer une saisie, c'est
former un contrat, *naidm*, d'un genre particulier, qui peut faire faire
au saisissant une perte considérable si le demandeur a pratiqué la
saisie sans en avoir le droit ou sans observer les formes légales. Il peut
être condamné à payer au défendeur des dommages-intérêts ou amen-
des fixées par la coutume, et dont le chiffre est fort élevé.

Qui donc est incapable de contracter, c'est-à-dire d'aliéner ? La
glose répond premièrement, fils de père vivant, *mac beo athar*, p. 86,
l. 8. Chez les Irlandais, comme à Rome, le fils reste soumis à la puissance paternelle tant que son père vit, pourvu que celui-ci conserve
sa capacité juridique. D'autres textes ajoutent la femme mariée, l'esclave, le moine ; ceux-ci ne peuvent contracter sans le concours d'un
tiers qui, pour la femme, est son père, son tuteur ou son mari ; pour

(1) Au fond, la seconde catégorie d'incapables, ceux qui ne peuvent être
caution, fait double emploi avec la troisième, ceux qui ne peuvent contracter.
Voyez la collection canonique irlandaise, l. XXXIV, c. 9; 2ᵉ édition de Wasserschleben, p. 122.

l'esclave, son maître ; pour le moine, son abbé ; enfin le fou, la folle sont absolument incapables de contracter. Voy. introduction au *Senchus Mór*, I, p. 50, l. 32-33, p. 52, l. 1-2. Comparez les prescriptions contenues au cinquième et au septième livre du *Senchus Mór*, *Ancient laws of Ireland*, t. II, p. 288, l. 5-8, t. III, p. 8 et 10. De ces documents, le plus ancien est le passage du livre V (t. II, p. 288) auquel nous renvoyons. Il ne parle pas du moine ni de son abbé. Quant à la femme, la personne dont il lui faut le concours suivant ce document n'est pas le mari, c'est la « tête de conseil, » *cenn comairle*, expression qui, outre le mari, comprend le père et les agnats (1).

La pratique de la saisie est interdite aux chefs de l'assemblée ; ils doivent la faire pratiquer par un mandataire. Ces hauts personnages sont le docteur, le roi, l'héritier présomptif du roi, parce que, dit la glose, ce sont des gens contre lesquels il est difficile de soutenir une discussion dans l'assemblée (p. 86, l. 9-10). Les chefs de l'assemblée ne peuvent être ni demandeur ni défendeur. En cas de procès les concernant, ils sont remplacés, soit en demandant, soit en défendant par par un agent dit *aithech fortha* (t. II, p. 94, l. 1 ; p. 120, l. 13). L'*aithech* est celui qui a reçu un cheptel. La partie de la population qui recevait des cheptels et qui se plaçait ainsi dans la vassalité des chefs était nombreuse, il y avait donc beaucoup d'*aithech ; mais l'*aithech fortha* est élevé en dignité au-dessus des autres *aithech*. Le mot *fortha* semble signifier : « qui est dessus. »

Le texte continue par une énumération qui fait double emploi avec l'énonciation précédente : « Ne peuvent saisir ceux qui sont incapables de contracter. » En effet, le texte nous dit : Ne peut procéder à une saisie : 1° l'esclave, *mug* ; 2° le pâtre, *buachail* ; 3° le fou, *fulla* ; 4° le serf, appelé *fuidir* ; 5° l'homme placé sous la protection d'autrui.

Le cas de l'homme placé sous la protection d'autrui paraît avoir beaucoup frappé l'auteur du *Senchus Mór*. Il y revient dans l'art. 49, p. 102, l. 26, et p. 104, l. 24-27. Nous y voyons que l'homme placé sous la protection d'autrui ne peut engager de procès. Cet homme est dans une situation inférieure. « L'homme placé sous la protection d'autrui, » c'est une expression générale qui comprend l'esclave, le serf, le fils, la femme, l'enfant mis chez un père nourricier ou chez un professeur, etc.

ART. 6, p. 90, l. 29-31 ; p. 92, l. 1-5.

« Car il est dû cinq bêtes à cornes de dommages-intérêts pour toute

____

(1) Voyez la collection canonique irlandaise publiée par Wasserschleben, l. XXXIV, c. 3 ; 2° édit., p. 122.

» saisie pratiquée irrégulièrement ou après que le défendeur a offert
» des sûretés suffisantes. Sont exceptés les trois dangers auxquels
» l'avocat échappe par une faveur de la loi : 1° Quand il forme le lien
» de la saisie pour une dette qui n'a pas existé; 2° quand il forme ce
» lien pour une dette qui a existé, mais qui est éteinte; 3° quand il
» enlève l'objet saisi du clos d'un noble privilégié capable de proté-
» ger cet objet, c'est-à-dire quand il enlève cet objet à un protecteur
» capable de lui donner un abri, mais qu'il ignore l'existence de cette
» protection. En effet, si un objet saisi est enlevé du lieu où il est
» placé sous la protection d'un noble privilégié, il faut que le sai-
» sissant paie le prix de l'honneur du protecteur et ramène les objets
» saisis au lieu d'où il les a enlevés, sauf à lui le droit d'opérer une
» autre saisie. »

Cinq bêtes à cornes, c'est-à-dire deux génisses de deux ans, *samasc*,
et trois veaux ou génisses d'un an, *colptach*. Ces cinq bêtes valent
deux vaches (p. 92, l. 6-7). Telle est l'amende due au défendeur par le
demandeur qui saisit irrégulièrement. D'après la glose, ce chiffre est
un maximum. L'amende est égale à moitié de la valeur des objets
saisis, pourvu que cette moitié ne dépasse pas cinq bêtes à cornes. La
règle qui punit d'une amende de cinq bêtes à cornes au profit du défendeur toute saisie pratiquée irrégulièrement, se trouve répétée dans
deux autres passages du traité de la saisie, au tome II, p. 48, l. 11-12;
p. 70, l. 1-2 :

« Cinq bêtes à cornes sont la réparation de toute saisie irrégu-
» lière, à moins que le demandeur ne soit protégé par la nécessité,
» l'ignorance ou la difficulté. »

La nécessité, *deilhbere*; l'ignorance, *ainfis*; la difficulté, *aincheas*,
produisent des exceptions : on appelle l'exception *turbaid*. Mais dans
les trois cas prévus par l'art. 6, il n'y a pas *turbaid* pour le demandeur qu'un avocat n'accompagne pas.

« Cinq bêtes à cornes sont la réparation du délit, *cin*, commis par
» tout homme *sui juris* ou capable, *sochonn*, qui saisit injustement
» et contrairement au droit. Tout homme *sui juris* et capable qui en-
» voie un incapable, *econn*, pratiquer la saisie, est responsable du délit
» commis par l'incapable. »

Les sûretés suffisantes qui arrêtent la saisie consistent en gages,
gell, et en caution, *arach* (t. I, p. 92, l. 10; cf. p. 118, l. 5-6, l. 20-26).
Le défendeur a, pour offrir ces sûretés, tout le temps qui s'écoule
entre la saisie opérée entre ses mains et l'enlèvement des objets
saisis (t. I, p. 176, l. 29-30; t. II, p. 86 note).

La loi ecclésiastique irlandaise a, sur les gages et les cautions, des
dispositions curieuses : elle décide que le gage ne doit pas dépasser

le cinquième de la dette (1), et elle interdit le cautionnement aux clercs, tout en admettant qu'ils puissent cautionner valablement. Les clercs qui ont cautionné quelqu'un devront payer si le débiteur principal est insolvable. Si, pour se soustraire à cette obligation, ils recourent aux armes, c'est-à-dire au duel extra-judiciaire, ils sont exclus de l'Église (2).

Les dangers auxquels l'avocat échappe par une faveur spéciale seraient inévitables pour tout autre. Celui qui, n'étant pas avocat, saisit, soit pour une dette qui n'a jamais existé, soit pour une dette éteinte, celui qui enlève un objet placé sous la protection d'un noble privilégié, celui-là devra payer les cinq bêtes à cornes réglementaires. Il objectera en vain sa bonne foi. Il n'a qu'un moyen d'éviter ce danger, c'est de prendre la précaution de se faire accompagner par un avocat (p. 92, l. 28-32). On voit cependant, en deux autres endroits (t. I, p. 282, l. 18, et t. II, p. 52, l. 6), que, si le saisissant établit sa bonne foi, l'amende doit être réduite de moitié; que, si le saisissant prouve que l'irrégularité commise par lui est le résultat d'une impossibilité morale de faire autrement, *aincheas*, l'amende peut être réduite au quart.

Quels sont les nobles privilégiés dans l'enclos duquel on ne peut saisir? Ce sont les nobles dont le rang est supérieur à celui du demandeur, à la garantie qu'offre le demandeur (*a glinne*, t. II, p. 48, l. 16). Les plébéiens ne peuvent pratiquer la saisie dans l'enclos des nobles, et les nobles de rang inférieur ne peuvent pratiquer la saisie dans l'enclos des nobles de classe plus élevée qu'eux. L'enclos, *faithce*, dont il s'agit ici est celui qui touche la maison d'habitation.

L'enclos a quelque chose de sacré; le violer expose à payer le prix de l'honneur du propriétaire. Ce prix de l'honneur du propriétaire est proportionné à la dignité du propriétaire.

La noblesse irlandaise, *flaith*, se compose de maîtres ou chefs (*aire* au nominatif singulier, *airig* au nominatif pluriel), qui ont des vassaux de condition servile, *doer ceile* au singulier. L'ensemble des vassaux d'un chef s'appelle *deis*. Suivant l'importance de son *deis*, le chef s'appelle : 1° *Aire forgill*; 2° *Aire tuisi*; 3° *Aire ard*; 4° *Aire desa*. Au-dessus de l'*aire forgill*, qui forme la plus élevée de ces quatre classes, se place le roi, qui forme une cinquième classe, et l'ensemble de ces cinq classes, qu'on peut élever à sept en distinguant trois catégories de rois, compose la noblesse ou *flaith* (3).

---

(1) Livre XXXIII, c. 9; 2ᵉ édit. de Wasserschleben, p. 120.

(2) Livre XXXIV, c. 2, 2ᵉ édit. de Wasserschleben, p. 122.

(3) *Flaith, olla airig desa co ruice rig*, art. 41, p. 230, l. 5-6. Glose : *Na grad flatha uili sin*, p. 230, l. 16.

Le prix de l'honneur du roi était de sept femmes esclaves ou *cumal*. Celui qui aurait eu l'audace de saisir des biens appartenant à un roi devait le prix de l'honneur du roi, c'est-à-dire sept femmes esclaves. Depuis le triomphe du christianisme l'évêque était assimilé au roi. De là, dans la collection canonique irlandaise, la disposition suivante :

« Sinodus hibernensis ait : omnis qui ausus fuerit ea quae sunt regis aut episcopi furari aut rapere... septem ancillarum pretium reddat (1). »

Celui qui aurait saisi dans l'enclos du roi ou dans l'enclos de l'évêque les vaches d'un tiers, placées dans cet enclos sous la protection du roi ou de l'évêque, aurait dû la même amende que si le roi ou l'évêque eût été propriétaire de ces vaches.

(1) Livre XLVIII, c. 5, 2ᵉ édition de Wasserschleben, p. 204.

RÉSUMÉ

DU

COURS DE DROIT IRLANDAIS

PROFESSÉ AU COLLÈGE DE FRANCE

PENDANT LE SECOND SEMESTRE DE L'ANNÉE 1887-1888 ET PENDANT LE
PREMIER SEMESTRE DE L'ANNÉE 1888-1889

LA SAISIE MOBILIÈRE DANS LE SENCHUS MOR

PAR

H. d'ARBOIS DE JUBAINVILLE

MEMBRE DE L'INSTITUT
PROFESSEUR AU COLLÈGE DE FRANCE

PARIS

ERNEST THORIN, ÉDITEUR

Libraire du Collège de France, de l'École normale supérieure,
des Écoles françaises d'Athènes et de Rome
de la Société des Études historiques

7, RUE DE MÉDICIS, 7

1890

RÉSUMÉ DU COURS DE DROIT IRLANDAIS

PROFESSÉ AU COLLÈGE DE FRANCE

PENDANT LE SECOND SEMESTRE DE L'ANNÉE 1887-1888 ET PENDANT LE PREMIER SEMESTRE DE L'ANNÉE 1888-1889

LA SAISIE MOBILIÈRE DANS LE SENCHUS MOR

TOULOUSE. — IMPRIMERIE A. CHAUVIN ET FILS, RUE DES SALENQUES, 23.

RÉSUMÉ

DU

COURS DE DROIT IRLANDAIS

PROFESSÉ AU COLLÈGE DE FRANCE

PENDANT LE SECOND SEMESTRE DE L'ANNÉE 1887-1888 ET PENDANT LE
PREMIER SEMESTRE DE L'ANNÉE 1888-1889

LA SAISIE MOBILIÈRE DANS LE SENCHUS MOR

PAR

H. d'ARBOIS DE JUBAINVILLE

MEMBRE DE L'INSTITUT
PROFESSEUR AU COLLÈGE DE FRANCE

PARIS

ERNEST THORIN, ÉDITEUR

Libraire du Collège de France, de l'École normale supérieure,
des Écoles françaises d'Athènes et de Rome
de la Société des Études historiques

7, RUE DE MÉDICIS, 7

1890

RÉSUMÉ DU COURS DE DROIT IRLANDAIS

PROFESSÉ AU COLLÈGE DE FRANCE

PENDANT LE SECOND SEMESTRE DE L'ANNÉE 1887-1888 ET PENDANT LE
PREMIER SEMESTRE DE L'ANNÉE 1888-1889 (1)

LA SAISIE MOBILIÈRE DANS LE SENCHUS MOR

ART. 7.

Cinq bêtes à cornes sont acquises par le créancier à la déchéance, *lobad*, du saisi. Ainsi l'a jugé Morann. Le créancier acquiert ensuite trois bêtes à cornes par jour si le débiteur ne paie pas ; cette acquisition se produit jusqu'à épuisement du droit du débiteur, à moins qu'un obstacle insurmontable n'empêche celui-ci de remplir ses obligations (*Ancient laws of Ireland*, t. I, p. 102).

Quand un objet saisi a été enlevé par le créancier saisissant, il est mis en fourrière. Le lieu où il est mis en fourrière s'appelle *forus* = *for-fos*, composé dont le second terme est *fos* « résidence. » L'arrivée en fourrière sert de point de départ à un délai dont la durée est égale au nombre de jours dont le chiffre caractérise la saisie : un, trois, cinq, dix, deux. Pendant ce délai, le débiteur reste propriétaire des objets saisis. Une fois ce délai terminé, commence pour lui une autre période *lobad*, que nous traduisons par déchéance ; pendant cette période, les objets saisis deviennent la propriété du créancier ; celui-ci acquiert le premier jour cinq bêtes à cornes et chacun des jours suivants trois bêtes à cornes, jusqu'à ce qu'il soit

---

(1) Le cours professé sur le même sujet pendant le premier semestre de année 1887-1888 a paru dans le tome XII, p. 224.

devenu propriétaire de la totalité des objets saisis et qu'il y ait *totim* (1), c'est-à-dire déchéance complète du défendeur. Du commencement de la mise en fourrière à la déchéance complète, *totim*, *tuitim* (dans la langue ordinaire « chute »), il s'écoule un intervalle pendant lequel la loi oppose une résistance à ce phénomène de déchéance; cet intervalle s'appelle *di-thim*, comme si l'on disait *dé-chute*. Cet intervalle se divise en deux parties; pendant la première, le débiteur reste propriétaire intégral des objets saisis; pendant la seconde, il est dépouillé de cette propriété au profit du demandeur, mais il n'est pas dépouillé tout d'un coup, il perd son droit morceau par morceau. Le débiteur n'a qu'une manière d'éviter la perte de sa propriété saisie, c'est de payer son créancier. Toutefois, ce principe n'est pas absolu. La coutume prévoit des cas d'excuse légitime, des circonstances où les délais sont prolongés, c'est ce que le texte légal appelle *dethbere* « nécessité » et que nous avons traduit par obstacle insurmontable.

Le juge auquel on attribue la fixation du nombre de bêtes à cornes acquises au créancier le premier jour est Morann. Tandis que Sen mac Aige et Coirpre Gnathchoir, les jurisconsultes mentionnés plus haut, paraissent des personnages imaginaires, Morann semble appartenir à l'histoire; en tout cas, il appartient à la littérature épique. Il avait un collier appelé *sin*, qui contrôlait la justice de ses jugements. Quand Morann rendait un jugement conforme à la vérité, son collier était large et lui mettait le cou à l'aise. Quand, au contraire, un jugement de Morann était inique, son collier se rétrécissait et lui serrait le cou (2).

Il est question de Morann dans un épisode de la grande épopée irlandaise, dont le titre est *Tâin bó Cuailnge*. Cet épisode est le combat de Ferdiad contre Cùchulainn. Cùchulainn tient seul tête aux guerriers de quatre des cinq grandes provinces d'Irlande qui envahissent la cinquième de ces provinces l'Ulster, alors sans défense. Cùchulainn offre de se battre contre le plus brave champion de l'armée envahissante. Medb, la reine de Connaught,

---

(1) *Totim*, génitif *totma*, t. 1, p. 102, l. 16.
(2) Glossaire de Cormac, au mot *sin*. Whitley Stokes, *Three irish glossaries*, p. 41.

qui est l'âme de la coalition, veut décider le héros Ferdiad à répondre à ce défi. Elle lui fait plusieurs promesses, entre autres choses, elle lui promet la main de sa fille Findabar. Ferdiad ne se contente pas de la parole de la reine, il lui demande de s'obliger par serment, de jurer par le soleil et la lune, par la mer et la terre; enfin, il exige des cautions, *arach* ou *rath*, il lui en faut six, *sé curu*, et la reine les lui accorde : dans le nombre est Morann :

Fonaso latt ar Morand (1).

Morann était fils de Coirpre Cattchend, c'est-à-dire « à la tête-de-chat, » roi d'Irlande au premier siècle de l'ère chrétienne (2). Son père s'était emparé du trône après la mort de Crimthann nia Nair, fils de Lugaid Reoderg, c'est-à-dire d'un des personnages épiques associés par la légende au héros Cúchulainn. Crimthann avait laissé sa femme enceinte d'un fils. L'usurpation de Coirpre fut punie de deux manières, son règne fut une période de famine : il n'y avait qu'un grain dans chaque épi de blé, qu'un gland sur chaque chêne et les vaches ne donnaient plus de lait. Les enfants du roi naissaient difformes, avec une sorte de casque sur la tête. Coirpre les faisait jeter à l'eau. Déjà deux avaient été ainsi noyés, quand il y en eut un troisième difforme comme les autres. Conformément aux ordres du roi, les domestiques de ce prince jetèrent dans la mer le pauvre enfant, mais un coup de vague détacha le casque et l'enfant, soulevé par l'eau, montra sa tête nue, puis il parla : « Dure est la vague, » dit-il, *garg bo tond*. Les domestiques, étonnés, sautèrent à la mer et en tirèrent l'enfant. Celui-ci parla encore : « Pas si haut, le vent est froid, » *nach am turbaid, uar bé gaeth*. Les domestiques n'osèrent pas le ramener chez le roi, ils le déposèrent à la porte du forgeron Maen. Maen, sortant de sa maison, trouva l'enfant, le prit, rentra et pria sa femme d'allumer une chandelle pour voir quel cadeau Dieu leur avait envoyé. Quand la femme eut fait ce que dési-

(1) *Livre de Leinster*, p. 81, col. 2, 1. 31 ; Cf. O'Curry, *Manners and customs*, t. III, p. 416, 418.

(2) *Gabaid Coirpre Cattchend rige hErend, i. athair Moraind. — Lebar Gabala,* dans le *Livre de Leinster*, p. 23, col. 2, 1. 0.

rait son mari, l'enfant parla une troisième fois : « La chandelle est brillante, » dit-il. Maen l'éleva comme son fils et un jour le rendit au roi (1).

A cause de son père nourricier, Morann est surnommé « fils de Maen, » Mac-Main.

Après la mort de Corpre Cenncait, Morann traita avec Feradach Find Fechtnach, fils posthume du Crimthann Nia Nair, il devint son principal conseiller (2).

ART. 8.

Ne gagne rien le dormeur (p. 102).

c'est-à-dire: celui qui laisse passer les délais légaux sans accomplir les actes prescrits, est victime de sa négligence. Tel est le débiteur saisi qui s'endort et ne paie pas avant l'époque où les objets mobiliers saisis sur lui et enlevés par le créancier deviennent la propriété de ce dernier; sa négligence lui fait perdre son bien. De même le créancier saisissant. Quand le créancier saisissant a enlevé les objets saisis et les a mis en fourrière, il doit revenir chez le défendeur et lui faire connaître en quel endroit il a transporté les objets saisis. On appelle cette notification *fasc* (3). Si le créancier s'endort et ne fait pas cette notification, ou ne la fait pas dans une forme solennelle déterminée par l'usage (4), la saisie devient irrégulière et le créancier doit une amende de cinq bêtes à cornes au profit du débiteur saisi. Voyez plus haut art. 8, t. I, p. 90, lignes 29 et suivantes, t. II, p. 48, l. 11; p. 70, l. 1.

ART. 9.

Ne peut enlever les objets saisis le créancier qui n'a pu former avec son débiteur le lien de droit qui est le ré-

(1) *Livre de Leinster*, p. 126, colonne 2, et analyse de M. R. Atkinson, p. 20. C'est la troisième partie du morceau intitulé : « Quels sont les trois enfants qui parlèrent aussitôt après leur naissance? » Ce morceau se trouve aussi dans le manuscrit du Collège de la Trinité de Dublin, coté H. 2. 16, col. 808-810.

(2) Feradach Findfechtnach mac Crimthaind regnat annis XXIII a Temair Morand mac Main in hoc tempore claruit. *Annales de Tigernach*, édit. d'O'Conor, p. 25.

(3) T. I, p. 258, l. 13, cf. p. 270, l. 30; p. 264, l. 23, cf. p. 288, l. 9; p. 266, l. 18, cf. p. 298, l. 6; et surtout, p. 268, l. 11 et suiv., cf. p. 302, l. 9 et suiv.

(4) T. I, p. 268, l. 15-16; p. 302, l. 27-31.

sultat de la saisie régulièrement faite (p. 102, l. 23-24).

Cette règle a été déjà donnée dans l'article 4 (p. 84, l. 9) et dans l'article 5 (p. 84, l. 27-29).

Art. 10.

Ne gagne rien celui qui à la capacité juridique joint des jambes (p. 102, l. 24).

C'est-à-dire que celui qui a la capacité juridique et qui peut marcher est sans excuse, quand il ne remplit les formalités légales. S'il ne pouvait marcher, la difficulté physique d'agir serait une excuse, *turbuid*.

Art. 11.

Que chacun fasse ce que demande son intérêt (p. 102, l. 24-25).

Au créancier à faire la notification *fase* qui suit l'enlèvement ; au débiteur à payer sa dette dans le délai voulu. Autrement, chacun d'eux subira les conséquences de son inaction (Voyez la glose, p. 104, l. 18-19). Le premier devra au second une amende de cinq bêtes à cornes, le second perdra tout droit sur les biens meubles qui ont été saisis.

Art. 12.

Que le bétail mis en fourrière soit enfermé sans être trop serré dans des hangars aux heures fixées par l'usage (p. 102, l. 25).

Art. 13.

Celui qui est placé sous la protection d'autrui ne peut entamer un procès (p. 102, l. 26, et la glose p. 104, l. 24-27).

Cette règle a déjà été donnée dans l'article 5 (p. 84, l. 27-29).

Art. 14.

Ne peut entamer la procédure de la saisie celui qui n'est pas en position de donner en échange des bêtes en fourrière une valeur équivalente, jusqu'au moment où sont produits les témoins qui attestent la régularité de la saisie (p. 102, l. 26-28; cf. p. 104, l. 27-34).

C'est un développement des principes posés dans l'article 5 (p. 84, l. 27-29). Nous avons exposé, en expliquant ces articles, les conditions de solvabilité que doit présenter le saisissant.

Art. 15.

On ne peut procéder par saisie mobilière contre esclave, ni serf, ni fou, ni berger, ni pâtre, ni charretier pour les contraindre à payer soit une dette personnelle, soit la dette d'un membre de leur famille, soit une dette de la cité (*tuath*); mais on leur place le pied dans des entraves, on leur met une corde au cou. Pendant qu'ils couchent ensemble, la seule nourriture à laquelle ils aient droit est celle des pauvres ou c'est un pain long et mince, sauf le bon pain des jours de fête avec son assaisonnement jusqu'à ce que leurs chefs soient contraints à s'acquitter de leurs obligations légitimes (p. 104, l. 35-38; p. 106, l. 1-4).

Cet article fait pendant à la seconde partie de l'article 5 (p. 84, l. 28-29). La seconde partie de l'article 5 nous apprend que ni esclave, ni pâtre, ni fou, ni serf, ni aucun homme placé sous protection d'autrui ne peuvent pratiquer de saisie. Réciproquement, leurs biens mobiliers ne peuvent être saisis. Ils sont juridiquement incapables.

Le texte prévoit trois hypothèses :

1° Il s'agit de leur dette personnelle. La glose ajoute que, par dette personnelle, on entend non-seulement la dette contractée par le défendeur, mais aussi celle que son père et son grand-père ont contractée (p. 106, l. 14). Le fils, le père et le grand-père sont juridiquement la même personne.

2° Il s'agit d'une dette résultant d'un crime ou délit commis par un parent en ligne collatérale. Voir la glose, p. 106, l. 15. Le parent en ligne collatérale s'appelle, en matière de saisie, *inbleogan*. Les règles qui le concernent sont exposées principalement au t. II des *Ancient laws of Ireland*, p. 14, 16, 44, 64, 98, 122. Les membres de la famille sont responsables des dettes qui résultent des délits ou crimes commis par leurs collatéraux jusqu'au quatrième degré, compté à la façon du droit canonique (Voir à ce sujet les principes posés au tome IV, p. 240, 242).

3° La cité tout entière peut être débitrice par l'effet d'une convention qui l'a obligée au paiement d'une redevance, ou à l'acquittement d'un service de guerre, quand elle n'a pas payé cette redevance, ou fait ce service de guerre (Voir la glose, p. 106, l. 15-18).

Ni dans l'une ni dans l'autre de ces trois hypothèses, on ne peut procéder par voie de saisie mobilière contre l'homme de dernière classe ni du fou. Mais on peut l'arrêter, le tenir prisonnier en l'attachant par le pied ou par le cou, à charge de le nourrir, mais très médiocrement, jusqu'à ce que les chefs aient payé pour leurs subordonnés. La règle est donnée t. IV, p. 240, l. 9 et 12 : « sa dette sur son chef, » *a chin for a flaith*, et quand il n'y a pas de chef, littéralement « de tête » on s'adresse au roi, *cach dichenn co ri[g]*.

TITRE II.

SAISIE AVEC UN DÉLAI PENDANT LEQUEL L'OBJET SAISI RESTE ENTRE LES MAINS DU DÉFENDEUR

CHAPITRE IV.

SAISIE AVEC DÉLAI D'UN JOUR.

ART. 19.

§ 1. Sen, avec raison, jugea que le délai d'un jour ne pourrait s'étendre au delà du deuxième jour (*Ancient laws of Ireland*, t. I, p. 120, l. 19, 21-28.

Sen mac Aige, « Vieux fils de Chef, » a déjà été mentionné dans l'article 2 (p. 78, l. 11).

C'est l'auteur légendaire du jugement qui a fixé la durée des délais de la saisie. La formule qu'on lui attribue ici paraît peu claire. Elle n'a que le tort d'exposer trop brièvement le principe de droit qu'elle prétend énoncer. Ce principe est que le délai d'un jour donné au défendeur expire le lendemain du jour où la saisie a été signifiée. C'est le lendemain que le demandeur se présentera de nouveau et cette fois pour enlever les objets saisis mais laissés entre les mains du défendeur. Pour continuer à détenir les objets saisis, le défendeur qui ne veut pas recourir aux armes n'a qu'une ressource, c'est de donner des gages au demandeur. Or, le délai pendant lequel il peut donner des gages n'expire que le lendemain matin du jour où la saisie a été faite. Au moment où, le lendemain matin, le demandeur arrive et va exécuter l'enlèvement des objets saisis la veille, le défendeur peut encore arrêter la marche de la procédure en offrant des gages.

§ 2. Le prix de l'honneur ne supporte pas de délai (p. 120, l. 19-20).

Cette maxime est citée ici à contre sens, puisque nous sommes dans le titre qui traite de la saisie avec délai. Elle est, au contraire, insérée fort à propos au titre III, qui traite de la saisie avec enlèvement immédiat, chapitre X, art. 40, p. 228, l. 16-17 ; chap. XI, art. 43, p. 236, l. 11 (1). Si l'on s'en rapporte au glossateur, il faut ici modifier le brocard de droit par une petite addition et dire : « Le prix de l'honneur ne supporte pas de délai dont la durée dépasse un jour (p. 120, l. 81). » C'est une allusion à la règle qui veut qu'en cas de viol d'une vierge le coupable saisi pour payement du prix de l'honneur de la vierge ait droit à un délai d'un jour, comme nous le verrons plus bas, p. 124, l. 1, 2 ; mais la règle relative au viol d'une vierge est une exception au principe général qui veut que, lorsqu'il s'agit du prix de l'honneur, le saisissant procède par enlèvement immédiat.

§ 3. Serait injuste le jugement d'assemblée qui autoriserait le défendeur à garder plus d'un jour l'objet saisi, quand la saisie est déterminée par les causes qui vont être énumérées (p. 120, l. 20-21).

ART. 20.

La saisie comporte un délai d'un jour [lorsque le but du

(1) Cf. t. II, p. 100, l. 7.

demandeur est d'obtenir, savoir] : (p. 122, l. 1, p. 126, l. 12).

Avant d'entamer l'énumération des cas énoncés dans cet article, rappelons-nous quelles sont, en principe, les circonstances où le délai est réduit à un jour.

On l'a vu sommairement dans l'article 3, p. 78, l. 13. C'est quand il s'agit pour le demandeur d'obtenir une chose pressée. Qu'est-ce en général qu'une chose pressée ? Le glossateur a cherché (p. 80, l. 7 et suivantes) à nous donner, sur ce point intéressant, une notion précise; il commence par un exemple. Voilà deux vaches; l'une donne du lait, l'autre est pleine et ses mamelles se sont taries. Laquelle sera pressée ? Ce sera celle qui donne du lait; le demandeur qui veut l'obtenir ne devra qu'un délai d'un jour au défendeur. Mais, si c'est une vache pleine que réclame le demandeur, le délai sera de trois jours.

Pourquoi cette différence? Parce que le lait produit tous les jours par la vache laitière est un objet d'utilité immédiate, tandis que le veau porté par la vache pleine ne pourra être mangé qu'au bout de plusieurs semaines, sinon de plusieurs mois.

Il y a, continue le glossateur, quatre catégories de choses pressées : 1° les objets d'alimentation qu'on réclame au débiteur pour les consommer immédiatement sans être obligé d'en demander l'équivalent à un tiers qui ne les doit pas; 2° la part à laquelle on a droit dans la possession indivise, quand on veut faire cesser l'indivision; 3° Ce qui doit servir à payer une dette résultant de crime ou délit, quand cette dette est immédiatement exigible; 4° toute chose non fongible à laquelle le demandeur a droit et dont il a un besoin tel que s'il n'était pas immédiatement mis en possession de son bien, il serait obligé d'emprunter l'équivalent.

Nous allons passer à l'énumération des causes de saisie à l'occasion desquelles le délai est d'un jour. Les premiers objets dont il va être question appartiennent à la quatrième catégorie.

§ 1. Vêtement pour fête (p. 122, l. 9; p. 126, l. 14-15).

Le glossateur donne comme exemples de fête : 1° l'assemblée

solennelle du printemps, c'est-à-dire celle qui a lieu le 1er mai, jour de la fête païenne de Beltene; 2° les solennités chrétiennes.

§ 2. Armes pour bataille (p. 122, l. 9; p. 126, l. 15-16).

Il s'agit du duel qui était, en droit irlandais, une procédure extrajudiciaire. Le mot *nith*, « bataille, » du texte pourrait d'ailleurs être traduit par « homicide » mais il est ici glosé par *debaid* « querelle » et par *comrac* « rencontre, combat. » *Debaid* et *comrac* sont employés avec sens de duel dans la langue du droit. Pour *debaid*, voyez le Livre d'Aicill, *Ancient laws*, t. III, p. 278, l. 9; pour *comrac*, consultez le même traité au même volume, p. 296, l. 20, p. 302, l. 8; le traité de la saisie immobilière, t. IV, p. 32, l. 4, 11 et 12, et le traité de la saisie mobilière, t. I, p. 154, l. 6. Quand il y a plusieurs combattants de chaque côté, l'expression technique pour bataille est *cath*, comme on le peut voir au Livre d'Aicill, t. III, p. 214, l. 12 et suivantes.

§ 3. Cheval pour course (p. 122, l. 9-10; p. 126, l. 16-17).

Le cheval destiné à une course est un objet pressé, quand la course est sur le point d'avoir lieu. Il y avait des courses de chevaux en Irlande aux trois grandes assemblées annuelles du premier mai, fête de Belténé; du premier août, fête de Lug; du premier novembre ou *samain*.

§ 4. Bœuf pour labourer (p. 122, l. 10; p. 126, l. 17-18).

Ce bœuf est un objet pressé quand est arrivé le moment de labourer, par exemple au printemps.

§ 5. vache laitière (p. 122, l. 10; p. 126, l. 18-19).

§ 6. Cochon gras (p. 122, l. 10; p. 126, l. 19-20).

quand est venu le moment de le tuer.

§ 7. Mouton en laine (p. 122, l. 11; p. 126, l. 20-21).

à l'époque où on le tond.

Sauf ces cas d'urgence, la saisie des bestiaux comporte un délai de cinq jours (art. 32, § 19-25, p. 184, l. 13-15; p. 190, l. 2-18).

§ 8. Jeûne de roi (p. 122, l. 11; p. 126, l. 21-23).
§ 9. Nourriture de chef (p. 122, l. 11; p. 126, l. 23-26).
§ 10. Omission de repas (p. 122, l. 11; p. 126, l. 26-28).

Le roi a faim, on ne lui pas servi le repas qu'on lui doit. On a eu le même tort à l'égard d'un chef de rang moins élevé. Les redevances dues au roi et aux autres suzerains, c'est-à-dire aux membres de la noblesse dont on avait reçu des cheptels, se payaient en nature. Il s'agit, dans ces trois paragraphes, de la première catégorie des choses pressées.

Il y a ici une observation à faire. Quand le roi veut agir par saisie contre son sujet qui ne s'acquitte pas de ses obligations envers lui, le sujet a droit à un délai de trois jours; on l'a vu plus haut, art. 3 p. 78, l. 16; p. 82, l. 1; on le verra plus bas, art. 26, p. 156, l. 32-33, et p. 162, l. 7-19, où d'une façon générale, la saisie exercée par le suzerain contre son vassal est classée parmi les saisies qui comportent un délai de trois jours; comment se fait-il qu'ici ce délai de trois jours soit réduit à un?

Une première explication qui est, je crois, la vraie, est qu'il y a là contradiction; c'est que le *Senchus Môr* est une compilation dans laquelle on a placé les uns à la suite des autres des morceaux de provenance différentes, sans faire à ces morceaux les modifications nécessaires pour les mettre d'accord. Un de ces morceaux est la nomenclature des cas où la saisie comporte un délai d'un jour avant enlèvement des objets saisis, c'est notre article 20 (p. 122-126); un autre morceau se compose des articles 26 (p. 156), 27 (p. 162), 28 (p. 166, 168), 29 (p. 174, 176) qui contiennent la nomenclature des cas où le délai est de trois jours. Or, ces deux morceaux se contredisent. Cette contradiction est reconnue par une glose fort ancienne, car elle a pénétré dans le texte de l'article 26. Cet article où commence la nomenclature des causes de saisie avec délai de trois jours terminait cette nomenclature comme il suit : « Ta suzeraineté, » le salaire de la dignité (ou, si l'on veut, le produit de ton » fief), l'omission de fournir le repas ou les moissonneurs dus » au bailleur du cheptel par celui qui a reçu le cheptel. » La glose a consisté en deux additions, l'une au milieu, l'autre à à la fin; et la rédaction s'est trouvée modifiée ainsi : « Ta suraineté, le salaire de ta dignité, *mais* l'omission de fournir le repas ou les moissonneurs dus au bailleur du cheptel par celui qui a reçu le cheptel *comportent un délai d'un jour bien que placés dans la liste des cas où le délai est de trois jours.*

Les mots en italique sont une interpolation.

Les glossateurs ont proposé deux explications différentes qui supposent toutes deux le maintien du texte primitif. L'une est que les §§ 8, 9, 10, de l'article 20 se réfèrent à l'hypothèse où le service féodal est dû conjointement par plusieurs débiteurs et où il a été fait par un seul; alors il s'agirait dans ces paragraphes non pas de l'action exercée par le suzerain contre son vassal, mais de l'action exercée par celui des vassaux qui, ayant seul supporté toute la charge, veut se faire indemniser par un de ses codébiteurs (p. 126, l. 23, 25). Ce serait dans cette hypothèse que le délai serait d'un jour.

Une autre explication est que la négligence du vassal donnerait lieu à deux saisies; l'une, avec délai d'un jour, contraindrait le vassal à fournir le repas, les moissonneurs; l'autre, avec délai de trois jours, le forcerait, à titre pénal, soit à s'acquitter de la redevance une seconde fois, soit à payer le prix de l'honneur du suzerain (p. 182, l. 19-19). Cette théorie est imitée de celle qui est exposée dans l'article 30, p. 182, où l'on voit qu'en certaines circonstances la saisie comporte un délai d'un jour pour la restitution du principal et un délai de trois jours quand il s'agit de dommages-intérêts; mais dans cet article, il n'est pas question des obligations du vassal envers le suzerain.

§ 11. Mobilier d'église (p. 122, l. 12; p. 126, l. 28-30).

Au moment où l'on en a besoin pour dire la messe. Cet article et les suivants nous ramènent à la quatrième catégorie des choses pressées.

§ 12. Coopération de chaque musique (p. 122, l. 12, p. 126, l. 30-31).

Ce qui se trouve manquer à un instrument au moment de jouer, par exemple des cordes à une harpe, peut être l'objet d'une saisie dont le délai est d'un jour.

§ 13. Mobilier de maison de chacun (p. 122, l. 12; p. 126, l. 32-33).

La glose donne comme exemple des couvertures et des coussins.

§ 14. Ce qui est de droit dans l'endroit [où se fait un festin dû à un chef] (p. 122, l. 13; p. 126, l. 32-33; p. 128, l. 1-2).

Les deux paragraphes suivants donnent des exemples :

§ 15. Fourchette et chaudron (p. 122, l. 13; p. 128, l. 2-4).

§ 16. Pétrin et tamis (p. 122, l. 13; p. 128, l. 4-5).

§ 17. Enlèvement de sac de chef (p. 122, l. 14; p. 128, l. 5-7).

Il semble qu'il s'agit de contraindre à restitution le vassal qui a emprunté le sac du chef pour mesurer une certaine quantité de grains au moment de la livraison.

Le sac, en irlandais *miach*, est une mesure dont le contenu en froment est une monnaie de compte évaluée à un scrupule par la glose du *Senchus Mor* (t. II, p. 238, l. 20; p. 246, l. 10, 27; p. 248, l. 16). Il y a des veaux qui valent un sac de froment (t. II, p. 238, l. 10). D'autres valent deux sacs (t. II, p. 244, l. 24); trois sacs (t. II, p. 248, l. 15); quatre sacs (t. II, p. 248; l. 24); six sacs (t. II, p. 250, l. 19). Une belle vache peut valoir huit sacs d'orge préparée pour faire de la bière, plus un sac de froment. Elle est estimée huit scrupules (t. II, p. 250-252). Le scrupule, équivalent du sac, est un vingt quatrième de l'once; il pèse un gramme cent trente-sept milligrammes; il vaut donc en or 3 fr. 50 environ. Ç'aurait été la valeur d'un veau médiocre. Un beau veau aurait valu six fois autant. Le pouvoir de l'or aurait été au moins décuple de ce qu'il est aujourd'hui.

Les §§ 11-17, donnent lieu à une difficulté : comment le propriétaire des objets mobiliers saisis a-t-il cessé de les détenir et se trouve-t-il réduit à employer la procédure de la saisie pour en recouvrer la possession. Il ne s'agit pas ici de vol. Le vol donne lieu à la restitution du double, dont il n'est ici question nulle part. Le propriétaire n'a pu guère se dessaisir que par un prêt ou un dépôt. Or, ces deux hypothèses sont prévues au titre III de la saisie sans délai. Il est question du prêt, *airleciud*, à l'article 28, § 11; p. 214, l. 26; p. 218, l. 27-29. Le dépôt, *aithne*, est mentionné à l'article 29, § 16; p. 226, l. 32; p. 228, l. 1-2. La saisie, dans ces deux cas, est d'un jour sans délai, c'est-à-dire qu'un jour après le commandement, le créancier se présente, déclare saisir, et enlève immédiatement ce qu'il a saisi. Il semble donc encore que nous sommes ici en présence d'une contradiction entre les règles de la saisie avec délai et celles de la saisie sans délai.

§ 18. Nettoyage de route (p. 122, l. 14; p. 128, l. 7-9).

§ 19. Nettoyage de l'endroit où se tient l'assemblée publique périodique dite *aenach* (p. 122, l. 14; p. 128, l. 9-11).

Le délai de la saisie est d'un jour quand le nettoyage est pressé. Il faut passer sur la route immédiatement pour faire un voyage ou une expédition militaire et la route est obstruée par des ronces ou des épines. Le chef veut obliger ses vassaux à faire ce travail, il procède par saisie contre les récalcitrants. Le nettoyage de l'emplacement des assemblées s'obtient de la même façon.

Il faut comparer les §§ 18 et 19 de l'article 20, avec les §§ 5 et 6 de l'article 26, p. 156, l. 28; p. 158, l. 28-29; p. 160, l. 1. On y voit que le délai de trois jours est celui auquel a droit l'homme que l'on veut contraindre à faire une route ou un emplacement d'assemblée. Or, qu'est ce que faire une route, dit le glossateur; c'est la nettoyer. L'action dont il s'agit est celle qui s'exerce pour exiger l'amende de celui qui n'a pas nettoyé les routes, *smacht nemglanta na rot*. Pour emplacement de l'assemblée, il s'agit donc aussi de nettoyage. Le chef n'a pas le droit d'imposer à ses subordonnés des charges nouvelles. Il y a donc contradiction entre l'article 26, qui parle d'un délai de trois jours et l'article 20, qui réduit ce délai à un. Le glossateur se tire de là difficulté sous l'article 20, § 19, en supposant que le cas dont il s'agit dans cet article est celui où deux frères étant obligés à faire en commun le nettoyage, un seul y a travaillé, et celui-ci veut se faire indemniser par l'autre; le frère paresseux que son frère actionne n'a droit qu'à un délai d'un jour (p. 128, l. 9-10). Dans l'article 26, il s'agirait de l'action exercée par le chef contre son vassal récalcitrant; celui-ci aurait droit à un délai de trois jours.

On peut, à la rigueur, admettre cette conciliation entre les deux textes. Mais quand du titre II, consacré à la saisie avec délai, nous passons au titre III, qui concerne la saisie sans délai, l'article 42, § 8, p. 230, l. 23; p. 232, l. 17-18, mentionne la route, *rot*, c'est-à-dire le chemin bordé de fossés *im a-m-bi olad*. La saisie qui la concerne comporte une saisie de trois jours sans délai. Or, cette route est précisément celle qui donne lieu à une saisie de trois jours avec délai, voyez p. 158, l. 28-29. La glose qui concerne la saisie de trois jours avec délai donne le détail caractéristique: c'est un chemin bordé de fossés: *da oladh ime*. Il y a donc contradiction formelle entre le titre III, saisie sans délai, et le titre II, saisie avec délai.

§ 20. Pour éloigner une troupe d'étrangers qui viennent par mer (p. 128, l. 12).

Il s'agit soit d'empêcher leur débarquement, soit de les surveiller après leur débarquement, soit de leur fournir des vivres, de crainte d'être pillé par eux (cf. § 84, p. 142, l. 10-11). Les membres de la tribu sont mis en réquisition à cet effet. Quand un seul membre de la tribu a fourni des vivres, il a une action en restitution contre ses concitoyens. L'action en restitution des vivres fournis comporte un délai d'un jour quant au principal, de trois jours quant aux dommages intérêts (p. 182, l. 1, 7, 8). Le § 84 concerne un sujet analogue.

§ 21. Pour [faire cesser] l'occupation d'une portion de terrain par un vagabond [qui prétend s'y établir] (p. 128, l. 24).

On peut procéder contre lui par saisie mobilière et le conduire par force hors du territoire. En ce cas, le délai est d'un jour. La loi irlandaise indique aussi une autre procédure contre le vagabond; c'est la saisie immobilière avec délai de trois jours (t. IV, p. 28), au lieu de trente, qui est le délai de la saisie immobilière contre les gens à domicile connu.

La loi irlandaise distingue trois espèces principales de saisie immobilière : 1° la saisie qui se pratique contre un homme qui a feu et lieu ; 2° la saisie opérée contre le vagabond ; 3° la saisie contre les femmes. Nous parlerons de la dernière quand nous arriverons à l'article 23, p. 146-148.

La saisie immobilière contre un homme domicilié comporte un délai de trente jours. « En trois décades droit » (t. IV, p. 18, l. 17-18). Cette procédure se fait de deux façons très différentes : l'une, primitive et assez simple, est celle qu'expose le texte (p. 18-19) ; l'autre, plus récente, beaucoup plus compliquée, beaucoup plus favorable au défendeur, est exposée par une glose (p. 2, 4).

Dans le système le plus ancien, le demandeur donne en tout trois significations au défendeur ; chacune consiste en une prise de possession solennelle. La première fois, le défendeur se présente avec deux chevaux attelés et un témoin, il franchit avec eux la clôture, puis sans avancer plus loin ni dételer, il s'arrête et prend la parole ; il requiert le défendeur « de lui faire droit selon droit, » dit le texte légal, « s'il y a justice en Irlande. » Son adversaire ne lui donnant pas satisfaction, le demandeur part ; il revient dans la seconde décade ; il amène quatre chevaux et deux témoins ; il entre avec eux dans la propriété, y dételle ses chevaux et prend une seconde fois la parole ; il requiert qu'on lui fasse droit dans le délai de trois jours, « s'il y a justice en Irlande. » Si son adversaire ne tient pas compte de cette signification, le demandeur revient au bout de la dernière décade ; il amène huit chevaux et trois témoins ; il entre avec eux dans l'enclos et va jusqu'à la maison ; là, il prend pour la troisième fois la parole ; il requiert jugement immédiat, « s'il y a justice en Irlande. » Faute de jugement immédiat, il a, par l'accomplissement de ces formalités, acquis la possession légale : pour sa peine d'avoir vu la propriété, dit le texte juridique, il peut y prendre habitation et foyer, y loger ses bêtes en hiver, les y mettre en pâture l'été seulement, asseoir sur elle une vente au profit d'un noble.

Telle est la procédure la plus ancienne ; plus tard, cette procédure se complique. Le demandeur débute par un commandement qu'il doit renouveler tous les jours de la première décade suivant les uns ; d'autres jurisconsultes se contentent d'exiger que le commandement soit renouvelé au milieu de la décade et le dernier jour de la décade. La première prise de possession avec deux chevaux et un témoin a lieu le onzième jour, et le demandeur est obligé d'attendre un jour et une nuit la réponse du défendeur. Pendant la seconde décade, il faut encore, prétendent certains juristes, un commandement tous les jours; les autres juristes n'exigent que trois commandements : un au commencement, un au milieu, l'autre à la fin. C'est alors qu'a lieu la seconde prise de possession avec quatre chevaux qu'on détèle et deux témoins. Dans la dernière décade, le commandement doit être renouvelé tous les jours.

Quand celui contre lequel la saisie immobilière est pratiquée n'a ni feu ni lieu, tous les délais sont réduits à trois jours (T. IV, p. 28).

§ 22. Pour le droit au filet (p. 128, l. 26; p. 130, l. 1-2).

Il s'agit d'un filet qui appartient en commun aux membres de la famille. Le moment est venu de s'en servir : le but de la procédure est de contraindre celui qui est en la possession du filet à s'en dessaisir au profit d'un autre membre de la famille.

§ 23. Pour règle concernant un cours d'eau (p. 130, l. 2-5).

Il s'agit d'un droit de pêche et de son exercice immédiat.

Les procès dont il est question dans ces deux articles sont du nombre des jugements de famille et d'eau dont il est question dans l'article 85 (p. 182, l. 1, 6, 7). La saisie qui a pour but l'obtention de l'objet contentieux comporte un délai d'un jour. La saisie pratiquée quand on demande des dommages-intérêts comporte un délai de trois jours.

Les six paragraphes suivants concernent les soins à donner aux malades, et se rattachent encore à la nomenclature des procès de famille dont nous reparlerons au § 31.

§ 24. Pour maladie de chacun;
§ 25. Pour procurer son médecin;
§ 26. Pour procurer sa nourriture;
§ 27. Pour procurer son mobilier;

§ 28. Pour procurer sa maison régulière ;

§ 29. Pour éloigner les choses défendues par médecin (p. 122, l. 16-18; p. 130, l. 5-29).

Il n'est pas besoin de commentaire pour comprendre que tous ces cas sont pressants. Comme exemple du mobilier nécessaire à un malade, la glose cite les couvertures, les coussins, le lit (p. 130, l. 16).

Ce sont là des idées qu'on trouve ailleurs; ce qui suit est plus original. La maison du malade, continue la glose, doit être percée de quatre portes afin qu'on puisse voir le malade de tous côtés, et sur l'aire il doit y avoir de l'eau. Il ne faut y laisser entrer ni femmes, ni chiens, ni fous, ni sorciers.

§ 30. Pour droit sur une forteresse (p. 122, l. 18-19; p. 130, l. 29-30).

Il s'agit de la forteresse, *dún*, qui appartient en commun à une famille, et du droit qu'a sur cette forteresse chacun des membres de la famille.

§ 31. Pour droit sur une maison indivise entre cohéritiers (p. 122, l. 19; p. 130 ; l. 31-32).

Ce paragraphe et le précédent expriment chacun une conséquence d'un principe énoncé à l'article 30 (p. 182, l. 1, 6), c'est que les procès de famille comportent un délai d'un jour, quand la saisie a pour objet principal de la créance, et un délai de trois jours, lorsque le créancier réclame, en outre du principal, des dommages et intérêts. On a déjà rencontré une doctrine analogue dans la glose des articles 22 et 23. Suivant la glose du § 31, le droit dont il est question est de demander partage. Si cette doctrine est exacte, il y a ici contradiction avec le § 1 de l'article 38 (p. 214, l. 31-20, et p. 216, l. 7-13) suivant lequel la saisie faite pour obtenir partage ne comporte aucun délai. L'article 35, § 21, p. 202, l. 12-17, décide que le délai est de dix jours en cas de partage de terre, ce qui contredit plus encore la règle de l'article 38.

§ 32. Pour recouvrer un chariot un temps de charroi (p. 122, l. 19, 20; p. 130, l. 32; p. 132, l. 1-2).

§ 33. Pour droit sur rivage au moment de récolter [les herbages] (p. 122, l. 20; p. 124, l. 1; p. 132, l. 2-11).

Il est clair qu'il y a urgence dans les deux cas.

§ 34. Pour faire sortir les bestiaux du clos contigu à la maison (p. 124, l. 1; p. 132, l. 12-14).

§ 35. Pour les ramener de pâturage (p. 124, l. 1; p. 132, l. 14-15).

On les faisait sortir du clos contigu à la maison le premier mai, jour de la fête de *Belténé*; on les conduisait aussitôt pâturer à distance dans un autre clos, d'où on les ramenait le premier novembre, jour de la fête de *Samain*. Il est question de ce clos éloigné au tome IV, p. 20, l. 3; p. 22, l. 40.

§ 36. Pour prix d'honneur de vierge (p. 124, l. 1-2, p. 132, l. 15-18).

On voit combien les femmes tenaient originairement peu de place dans la société irlandaise. La règle que « prix d'honneur ne souffre pas de délai » ne s'applique pas à elles. Celui qui a violé une vierge et qui, n'ayant pas payé l'indemnité légale, est poursuivi, a droit à un délai d'un jour. Le prix de l'honneur de la vierge paraît être égal à l'indemnité qu'on doit en se mariant par le procédé que la loi d'Aicil appelle enlèvement sans permission, *fuatach diohmairo* (t. III, p. 540, l. 1), en d'autres termes, quand la femme qu'on épouse n'a pas été donnée par ses parents, et, comme on dit en droit irlandais, n'est pas femme « de contrat, » *urnadma* (t. III, p. 398, l. 8; cf. t. II, p. 346, l. 8), mais est femme « d'enlèvement, » *foxail*. Le prix de l'honneur de la vierge est ou de trois femmes esclaves, ou de la moitié du prix de l'honneur de son père (t. II, p. 404, l. 23-24, p. 406, l. 1) si par ce second mode de calcul on arrive à une somme plus élevée.

Quand c'est une femme mariée qui a été violée, le prix de l'honneur est égal : 1° à la moitié du prix de l'honneur du mari, si la femme mariée est une épouse de premier rang, *cétmuinter*; 2° au quart, si c'est une femme de rang inférieur, une concubine (t. II, p. 406, l. 4-8); dans ces deux cas, le délai est allongé; au lieu d'un jour, il dure trois jours (art. 28, § 34;

p. 166, l. 16-17). Si la femme meurt des suites de l'enlèvement ou du viol, outre le prix de l'honneur, le coupable doit le prix du corps, *coirpdire* (t. III, p. 340, l. 5-8).

§ 37. Pour salaire (p. 132, l. 18-19.

La glose nous apprend que l'usage fixait le prix de la fabrication des objets au dixième de leur valeur. De plus, l'ouvrier était nourri pendant son travail.

§ 38. Pour avoir rasé.

Le salaire auquel le barbier avait droit consistait : 1° dans le huitième d'un pain, 2° en un morceau de lard long comme la moitié d'un couteau.

§ 39. Pour bénédiction (p. 124, l. 2-3; p. 132, l. 25-26).

L'ouvrier qui avait terminé la fabrication d'un objet devait donner à cet objet sa bénédiction. Autrement, on pouvait exiger de lui une indemnité égale au septième de la nourriture qu'il avait reçue pendant son travail ; si, pour le contraindre à payer cette indemnité, on procédait à une saisie, il avait droit à un délai d'un jour.

§ 40. Pour recouvrer des outils de charpentier (p. 124, l. 3; p. 132, l. 30).

§ 41. Pour recouvrer des outils de forgeron (p. 124, l. 3).

§ 42. Pour recouvrer le chaudron de la maison du cultivateur (p. 124, l. 3-4; p. 132, l. 30-31; p. 134, l. 1).

L'urgence de la saisie de ces objets n'a pas besoin d'être justifiée par un commentaire. Ces objets rentrent dans la quatrième catégorie des objets nécessaires : les objets qui appartiennent au demandeur et dont il a un tel besoin que, s'il ne pouvait les reprendre, il serait obligé d'emprunter, l'équivalent. La même observation s'applique aux paragraphes suivants.

§ 43. Pour recouvrer le grand chaudron de chaque saison (p. 124, l. 4; p. 134, l. 1-2).

C'est le chaudron qui servait à préparer les aliments lors des quatre grandes fêtes trimestrielles. Il y avait en Irlande quatre grandes fêtes ; chacune marquait la fin d'une saison et le commencement d'une autre. Le premier jour de l'hiver était le premier novembre, fête de Samain. L'hiver se terminait le premier février, à la fête de sainte Brigitte, héritière probablement de la déesse païenne Brigantia ; à cette fête, le printemps succédait à l'hiver. Le printemps finissait le premier mai, à la fête de *Beltene*, et alors commençait l'été. L'été durait jusqu'au premier août, où se célébrait la fête de Lug ; à cette date, on entrait dans l'automne et à l'achèvement de l'automne se fêtait le jour de *Samain*, premier novembre, où commençait un nouvel hiver. A chacune de ces fêtes, il y avait des festins qui exigeaient l'emploi d'un chaudron d'une grande dimension. Au moment de la fête, celui qui avait un repas à donner et qui s'était dessaisi de son grand chaudron, était pressé de se le faire rendre. Le détenteur du chaudron n'avait pas droit à un délai de plus d'un jour.

§ 44. Pour recouvrer une baratte (p. 224, l. 4; p. 134, l. 2, 3).

§ 45. Pour recouvrer une cruche à anse (p. 124, l. 4; p. 134, l. 3-4).

§ 46. Pour recouvrer une tasse (p. 125, l. 5; p. 134, l. 5).

§ 47. Pour recouvrer tout vase qui n'est pas immeuble (p. 125, l. 5; p. 134; l. 5-7). (Le vase qui est immeuble échappe à la saisie mobilière).

Les objets énumérés dans ces quatre paragraphes appartiennent à la quatrième catégorie des objets pressés. Il en est de même pour les objets dont il est question dans le paragraphe suivant.

§ 48. Pour recouvrer les sept objets précieux de maison de chef (p. 124, l. 5-6; p. 134, l. 7-11).

Ces objets sont énumérés dans un quatrain que la glose nous a conservé : chaudron, cuve, grand gobelet, petit gobelet, rênes, bride, broche (p. 134, l. 10-11).

§ 49. Pour droit concernant le blé (p. 124, l. 6; p. 134, l. 12).

Suivant la glose, il s'agit ici de contestations relatives à la dimension des meules ou tas de gerbes, c'est-à-dire peut-être des cas où quelqu'un accuse son voisin de lui avoir pris une partie d'une meule de blé.

§ 50. Pour fruit (p. 124, l. 6).

§ 51. Pour blé mur (p. 124, l. 6; p. 134, l. 14-20).

L'urgence va de soi, il s'agit d'objets d'alimentation.

§ 52. Pour forêt (p. 124, l. 6; p. 134, l. 20-24).

La législation relative aux délits forestiers est compliquée. Il faut distinguer trois sortes de forêts; la forêt sacrée, *nemed* (p. 162, l. 29; p. 164, l. 3; t. IV, p. 150, l. 16-17; p. 152, l. 3) ou *defid* (p. 134, l. 20), *deid* (p. 182, l. 5); la forêt dont l'usage est commun aux vassaux, *fid comaithchesa* (p. 134, l. 22; p. 162, l. 28-29; t. IV, p. 152, l. 2); la forêt éloignée située hors des limites ou au désert et dont l'usage n'est pas commun (p. 134, l. 22-24; p. 202, l. 2-3; p. 206, l. 7-9). Il faut distinguer aussi l'action en restitution du principal, et l'action en dommages-intérêts (p. 182, l. 1-21).

C'est pour la forêt sacrée que le délai de la saisie est réduit à un jour. La forêt sacrée est située près de la forteresse *ar dun* (p. 134, l. 20). C'est, paraît-il, la forêt dont la jouissance est réservée au chef. C'est l'analogue de la forêt, *silva*, qui entourait l'*ædificium* où habitait le roi Ambiorix suivant l'usage ordinaire des Gaulois : *ut sunt fere domicilia Gallorum* dit César, *De bello gallico*, VI, 20. En coupant les arbres de cette forêt, on s'expose à payer le prix de l'honneur du chef (t. IV, p. 150, l. 16-17). Voilà la cause de la brièveté du délai de la saisie : un jour pour l'action en restitution; trois jours pour les dommages-intérêts. S'agit-il de la forêt commune? La saisie pour restitution comporte un délai de trois jours; la saisie pour dommages-intérêts, un délai de cinq jours. Quant à la forêt éloignée qui n'est ni sacrée, ni commune, la saisie pour restitution comporte un délai de cinq jours; la saisie pour dommages-intérêts, un délai de dix jours (p. 134, l. 20-24).

La règle relative à la forêt sacrée est celle qui, à l'article 30 (p. 181, l. 2-4), apparaît comme règle générale en matière de bois.

La règle relative à la forêt commune est celle qu'on donne de même à l'article 27 (p. 162, l. 20) pour un principe absolu quand il s'agit de bois qui a un propriétaire : saisie de trois jours pour couper *ton* bois. Mais la glose explique ces mots en disant que cette règle concerne la restitution du principal quand il s'agit de bois de communauté, ou les dommages-intérêts lorsqu'il s'agit du bois sacré (p. 162, l. 28-29). Toutefois ici, le glossateur paraît hésiter, et après avoir affirmé cette doctrine, il se demande si elle est exacte, s'il faut distinguer entre le principal et les dommages-intérêts, et si les dommages-intérêts pour délit dans la forêt commune ne comportent pas un délai de trois jours comme le principal.

Dans un système plus nouveau, il n'y a pas de distinction à faire entre le bois sacré, le bois commun et le bois éloigné. Il faut distinguer dans un arbre : 1° le tronc ; 2° les grosses branches ; 3° les petites branches et copeaux. C'est le tronc qui comporte un délai d'un jour pour le principal, de trois pour les dommages-intérêts ; c'est pour les grosses branches que la restitution du principal comporte un délai de trois jours, et les dommages-intérêts un délai de cinq ; c'est pour les petites branches et pour les débris que la restitution du principal comporte un délai de cinq jours et les dommages-intérêts un délai de dix jours. Dans ce système, dit le glossateur embarrassé, que dirons-nous du bois sacré ? (p. 164, l. 1-4). Les anciennes classifications avaient disparu à la date de cette glose.

Elles existaient encore à l'époque où a été écrit le traité de la vassalité collective, *Breatha comaithcesa*, t. IV, p. 68-159 ; voyez p. 150, l. 15-18. On trouve dans ce traité le tarif des dommages-intérêts dûs pour délits forestiers dans les bois de communauté. Les arbres y sont divisés en trois classes suivant leur valeur présumée (p. 146-153).

Pour avoir droit de se plaindre de ce qu'un tiers avait coupé un arbre dans une forêt qui n'était ni sacrée ni commune, il fallait avoir fait acte de prise de possession sur cet arbre, il fallait que cet arbre fût un *crann gabala*, « arbre d'occupation » (t. I, p. 202, l. 2 ; p. 206, l. 7). On voit en cet endroit que la saisie exercée contre la personne qui se serait emparée de cet arbre au mépris du droit acquis comportait un délai de dix jours. Suivant la glose, la durée du délai diminuait quand l'exploitation était commencée ; alors elle tombait d'abord à cinq jours, puis à trois, elle se réduisait à un jour quand l'exploitation était terminée. Le délai de dix jours, suivant une autre glose dont nous avons parlé, est celui auquel donne lieu l'action en dommages-intérêts ; l'action en restitution comporte un délai de cinq jours. Plus les gloses se multiplient, plus augmentent leur subtilité et les contradictions.

Le plus intéressant dans le texte de la page 202, l. 2, ou de la page 206, l. 7, c'est l'expression *crann gabala* « arbre d'occupation. » Pour avoir un droit sur un arbre situé dans le désert *in dithrib*, expression équivalente de l'expression *o taiscell co diraind ocus in diraind*, « de limite à montagne et en montagne » (p. 134, l. 23), il fallait avoir pris possession de l'arbre. Il est probable que la règle était la même quand il s'agissait d'un arbre situé dans la forêt qui est propriété commune ; autrement on ne pouvait avoir personnellement un droit sur cet arbre, et l'auteur du *Senchus Mór* n'aurait pu dire en s'adressant au plaideur : « ton bois » (p. 162, l. 20), au génitif *do feda*.

Les principes énoncés ici en matière de délits forestiers ont une grande analogie avec ceux qu'on trouve dans la loi salique, chap. XXIX, art. 27-30, de la *lex emandata* et passages correspondants des rédactions antérieures, édition Hessels, col. 154-162.

Mais la loi salique ne parle pas de forêts sacrées, et ce qui dans la législation forestière irlandaise peut sembler le plus contraire aux doctrines modernes, c'est l'idée de « forêt sacrée » *nemed*. Or c'est en irlandais une idée qui tient à un ensemble systématique. Il n'y a pas seulement en Irlande des forêts sacrées ; il y a des personnes sacrées, *nemid* ; ce sont les rois, les nobles, les prêtres, les savants, les maîtres ouvriers ; il y a des animaux sacrés ; ce sont les chevaux, ce sont les vaches dont la propriété appartient à deux personnes et que le créancier d'une des deux prétend saisir ; ce sont les vaches malades que la saisie peut tuer ; c'est le taureau faute duquel les vaches resteront improductives, etc. Pour distinguer les animaux *nemed*, le propriétaire leur pendait une cloche au cou (t. I, p. 142, l. 13-17). Contre la personne sacrée on ne pouvait procéder par saisie ; contre elle la procédure d'exécution consistait dans le jeûne (t. I, p. 112 et suiv). Les animaux sacrés ne pouvaient être saisis que faute d'autres animaux, et il paraît que dans l'ancien droit leur saisie n'était licite que pour la dette personnelle du défendeur. Quand on procédait à la saisie contre le parent d'un débiteur insolvable, on ne pouvait licitement saisir les animaux sacrés. Un droit plus moderne permit de saisir les animaux sacrés du parent quand les animaux non sacrés ne suffisaient pas pour éteindre la dette (sur ces règles, voir t. II, p. 38-45 ; t. IV, p. 264). La doctrine ancienne remonte à une époque où le droit et la religion n'étaient pas séparés. Toute exception aux règles communes prenait un caractère religieux.

Quand il s'agit de la forêt sacrée, *nemid*, le caractère religieux semble avoir quelque chose de beaucoup plus grave que lorsqu'il s'agit d'animaux, car ici l'idée de culte paraît avoir existé conjointement avec l'idée juridique d'exception, de privilège. Au huitième siècle de notre ère, les croyances religieuses associées à l'expression traditionnelle de forêt, *nemid* ou *nemed* (*nemeton* en gaulois) subsistaient dans les régions jadis celtiques situées sur le continent à l'est du Rhin et alors occupées par les Saxons. Dans la nomenclature des superstitions alors prohibées par le christianisme, on voit celles qui consistaient en actes religieux pratiqués dans les forêts dites *nimidas* : « de sacris silvarum quae nimidas vocant » (Voyez *Indiculus superstitionum et paganiarum*, § 6 ; chez Boretius, *Capitularia*, p. 223). Ces superstitions sont énumérées dans un capitulaire de Charlemagne : « Si quis ad fontes aut arbores vel lucos votum fecerit aut aliquid more gentium obtulerit et ad honorem daemonum commederet » (*Capitulatio de partibus Saxoniae*, 21 ; Boretius, *Capitularia* p. 69).

Des usages analogues se sont certainement pratiqués au moyen âge dans la forêt *nemed* en Irlande. On peut s'en assurer en examinant comment ont été rendus dans le morceau irlandais intitulé : « Prise de Troyes, » *Togail Troi*, un passage du pseudo-Darès de Phrygie combiné avec les vers correspondants de Virgile. Darès disait, en son chapitre IV, que Priam avait, dans son palais consacré à Jupiter, un autel et une statue. Suivant Virgile (*Énéide*, II, 512-514), il y avait au milieu du palais de Priam un grand autel ombragé par un très vieux laurier. L'auteur du *Togail Troi* a cru résumer exactement ces deux textes en disant que Priam consacra derrière son palais un bois sacré, *fid neimed*, à Jupiter et mit une statue de ce dieu dans ce bois sacré (*Togail Troi*, édition Whitley Stokes, p. 19, l. 732-733). Évidemment « bois sacré, » *fid nemed*, a ici un sens religieux. Le nom celtique qui veut dire « bois, » en gaulois *vidu*, en irlandais *fid* et en vieux-gallois *guid*, a certainement un sens religieux dans certains composés. Tel est le nom d'homme gallois *Guid-gen* « fils du bois » dans le livre de Landaf (*Gr. c³*, p. 136).

Il est probable qu'on doit aussi entendre dans un sens religieux le premier terme du nom du peuple gaulois *Vidu-casses*; le second terme est un nom de divinités. *Vidu-casses* veut dire « dieux *Casses* du bois (sacré) » comme *Bodio-casses*, « dieux *Casses* de la victoire. » *Vidu-casses* est devenu Vieux (Calvados), et *Bodio-Casses*, Bayeux (Calvados).

Ainsi quoique les personnes, les animaux et les forêts sacrées ou *nemid* eussent, au point de vue juridique, le même caractère, il semble qu'au point de vue religieux ce caractère avait, quand il s'agissait du bois, quelque chose de tout particulièrement important. Le christianisme l'effaça peu à peu. La forêt sacrée disparut; en même temps la forêt éloignée, la forêt de montagne qui n'avait pas de propriétaire en acquit un. Les trois classes primitives de forêts cessèrent d'exister et une classification nouvelle s'établit. On la trouve dans la glose (p. 164, l. 1-3); cette glose distingue dans l'arbre trois catégories de bois dont la valeur diffère.

§ 53. Pour construction de pont (p. 124, l. 7; p. 134, l. 24-27).

Le glossateur propose deux espèces : 1° Pour construire un pont dans l'intérêt d'une famille on a coupé du bois dans une forêt; un des membres a payé seul; il veut se faire restituer par les autres membres de la famille la part qu'ils doivent supporter; 2° Pour construire un pont dans l'intérêt d'un particulier, on a coupé du bois dans une forêt, et l'action a pour objet la restitution de ce bois. On aurait pris des pierres, la règle serait la même.

§ 54. Pour partage de fanons de baleine (p. 124, l. 7-8; p. 134, l. 28-31).

Les fanons de baleine servaient à faire des cercles quand on manquait de bois.

§ 55. Pour la vache qui sert à la nourriture du guerrier ou du chef, *carrudh* (p. 124, l. 8; p. 134, l 31-35; p. 136, l. 1-12).

Ce paragraphe repose sur le même principe que les §§ 8, 9 et 10. Il contredit le § 17 de l'article 39 (p. 226, l. 32; p. 228, l. 2-7) où l'on voit que la saisie pratiquée pour la nourriture du guerrier, *catr*, se fait avec enlèvement immédiat un jour après le commandement.

§ 56. Pour ravitaillement d'un fort (p. 124, l. 8-9; p. 136, l. 13-16).

L'urgence va de soi; cependant s'il s'agit d'une redevance due à un chef, le délai pendant lequel le défendeur garde l'objet saisi est de trois jours (p. 156, l. 27) ou, suivant un autre système, l'objet saisi ne demeure pas entre les mains du défendeur et reste trois jours en fourrière (p. 230, l. 21).

§ 57. Pour obligations concernant un prisonnier (p. 124, l. 9; p. 136, l. 17, 18).

Il s'agit d'un prisonnier qui appartient à plusieurs personnes et de la restitution des frais qu'un seul des copropriétaires a supportés.

§ 58. Pour entretien de fou (p. 124, l. 9; p. 136, l. 18-20).

§ 59. Pour entretien de folle, car son droit précède tous les droits (p. 124, l. 9-10; p. 136, l. 20-29; p. 138, l. 1-20).

§ 60. Pour entretien de père (p. 124, l. 10; p. 138, l. 20-21).

§ 61. Pour entretien de mère (p. 124, l. 10-11).

On suppose qu'un membre de la famille s'est acquitté de ses obligations envers son parent fou, sa parente folle, son père ou sa mère que l'âge ou les infirmités rendent incapables de gagner leur vie. Il a une action contre les autres membres de la famille, et la saisie pratiquée pour exercer cette action comporte un délai d'un jour.

L'acte d'entretenir un parent s'appelle en vieil irlandais *goire*, mot écrit plus tard *gaire*. Le fils qui s'acquitte de ce devoir est le *mac gor*, celui qui refuse de s'en acquitter est le *mac ingor*.

Le père, dans le droit primitif irlandais, ne peut exercer d'action contre le fils qui ne veut pas le nourrir, c'est-à-dire contre le *mac ingor*, mais il a le droit de le déshériter et de donner son bien jusqu'à concurrence du prix du corps d'un homme, c'est-à-dire jusqu'à la concurrence de la valeur de sept femmes esclaves, à une autre personne qui s'engage à lui procurer les soins que le fils lui refuse. Cette personne peut être prise hors de la famille, si la famille ne consent pas à se charger du vieillard. Le père sans fortune qui ne peut rémunérer les soins d'un tiers est réduit à faire appel à la pitié de ses enfants (T. III, p. 52, l. 17-27).

Un droit plus moderne a pénétré dans la glose. Le vieillard de quatre-vingt-huit ans, *sen fine*, qui n'a rien, doit être nourri par sa famille; celle-ci, en refusant, s'expose à une condamnation. Le montant de l'indemnité due au vieillard par la famille en cas de condamnation est fixée à dix bêtes à cornes. Si le vieillard a du bien et si en même temps il peut gagner quelque chose en faisant le métier de bouffon, *obloirechi*, l'indemnité est réduite à cinq vaches (t. I, p. 138, l. 11-16). Le même tarif s'applique aux fous. Quand un fou a de la fortune et qu'il peut exercer le métier de bouffon, la famille qui néglige de prendre soin de lui peut être condamnée à lui payer une indemnité de cinq vaches. Si le fou n'a rien et ne peut gagner de l'argent par des bouffonneries, l'indemnité s'élève à dix bêtes à cornes. Elle est fixée au même chiffre quand il s'agit d'une folle : car une folle est ordinairement sans fortune et le métier de bouffon ne convient pas aux femmes (t. I, p. 136, l. 27-29; p. 138, l. 1-3).

La personne à laquelle un vieillard donnait son bien à charge de prendre soin de lui était ordinairement quelqu'un dont l'éducation lui avait été antérieurement confiée suivant un vieil usage celtique; c'était son élève, *dalte* (t. III, p. 52, l. 2).

C'est une idée analogue à celle qui a inspiré l'article 345 du Code Civil, titre de l'adoption. Quand le vieillard avait fait cette libéralité, aucun de ses enfants ne lui devait plus rien. Il pouvait aussi se présenter telle circonstance où un des fils ne dut rien au père et où les autres fils restassent obligés. En droit Irlandais, il était de règle que le fils demeurait indéfiniment sous la puissance paternelle; le fils n'avait pas de propriété personnelle tant que le père vivait et que le père conservait sa capacité juridique; mais, par exception, le père pouvait accorder au fils une sorte d'émancipation en lui donnant des biens en propre, *sain cron* (t. III, p. 50, l. 27; p. 52, l. 3). Quand le père ayant une préférence pour une partie de ses fils leur faisait une libéralité importante et ne donnait rien à ses autres fils, ceux-ci ne devaient rien à leur père, et les premiers, ayant pris soin du père, n'avaient pas contre les autres l'action en restitution prévue au t. i, p. 138, l. 20 (cf. t. III, p. 62, l. 12-15). On disait que le père avait eu pour les premiers une affection particulière *sain sero* (t. III, p. 50, l. 27) et pour les autres une haine particulière *sain miscuis* (t. III, p. 62, l. 13); ces derniers étaient dispensés de l'obligation d'entretien, *goire*. Le fils était aussi déchargé de cette obligation quand le père avait pris sur la tête du fils un cheptel servile. Le contrat de cheptel servile constituait entre celui qui avait donné le cheptel et celui qui l'avait reçu un lien que le second ne pouvait briser; ce lien tenait le fils attaché à une sorte de servage, tandis que le père, profitant du cheptel, conservait sa liberté (T. III, p. 62, l. 23-29). Le fils était en ce cas déchargé de l'obligation d'entretenir son père.

§ 62. Pour faire venir témoignage au sujet d'un contrat (p. 124, l. 11-12; p. 138, l. 21-25).

Une des parties d'un procès pratique la saisie pour obliger quelqu'un à venir l'appuyer par son témoignage. L'expression employée ici pour signifier contrat est *naidm*, au génitif *nadma*. Nous avons déjà rencontré cette expression : nous avons vu que la personne incapable de contracter, *ecoir nadma*, ne peut pratiquer de saisie (art. 5, p. 84, l. 28; p. 86, l. 8). Nous verrons plus loin que le contrat, *naidm*, attesté par l'espèce de témoin appelé *nasce*, peut donner lieu à une saisie d'un jour sans délai (p. 214, l. 21-22; p. 216, l. 26). Dans la glose de

l'Introduction au Senchus Mór (t. I, p. 58, l. 7 et 25), la violation de contrat, au génitif *nadma*, est comprise dans l'énumération des causes d'infamie, qui font perdre aux membres
de la noblesse et du clergé le droit de se faire payer, en cas
d'insulte grave, le prix de leur honneur. Le nominatif pluriel
est *nadmand* ou *nadmann* (t. IV, p. 54, l. 6); le datif pluriel, *nadmundaib* (t. I, p. 266, l. 7). Les contrats annulables
s'appellent *donadmand* (t. IV, p. 60, l. 14; cf. p. 62, l. 6). Le
composé *ur-naidm*, au génitif *urnadma*, est le terme consacré
pour désigner le contrat par lequel le chef de la famille d'une
femme vend cette femme à son époux. On trouve cette expression dans le Senchus Mór (t. II, p. 380, l. 25) et dans le livre
d'Aicill (t. III, p. 532, l. 18, 20; p. 540, l. 22, 23). Pour expri-
mer l'idée de contrat, on trouve dans le *Senchus Mór* d'autres
synonymes; l'un est d'origine latine, il est identique à notre
mot contrat; c'est *cunnrad* ou *cunnrud* pour *oundrad*, au génitif *connartha* (t. IV, p. 264, l. 18). Le *Senchus Mór* se sert de
cette expression (t. II, p. 282, l. 32; p. 358, l. 35 et p. 378,
l. 4; t. III, p. 16, l. 14, 21), en parlant des actes que ni les
membres de la famille ni un époux ne peuvent faire annuler.
Mais le terme le plus ordinairement employé est *cor*. C'est celui
dont se sert le *Senchus Mór* quand il parle : 1° des obligations
contractuelles qui passent du père mort à ses enfants (t. I,
p. 218, l. 2-3; cf. p. 226, l. 12, 13); 2° du contrat de cheptel
(t. II, p. 274, l. 32; p. 276, l. 1; p. 312, l. 21); 3° des contrats dont la validité donne lieu à contestation entre les membres de la famille, puisque aucun d'eux ne peut aliéner sa part
héréditaire sans le consentement de la famille (t. II, p. 282,
l. 9, 11, 32; p. 284, l. 23; p. 288, l. 1); 4° du contrat fait par
le fils de père vivant, contrat qui est annulable quand le père
ne l'a pas prescrit par avance ou ratifié ultérieurement (t. II,
p. 288, l. 8); 5° du contrat conclu par toute autre personne
placée sous l'autorité d'un tiers qui n'a pas donné son consentement (t. II, p. 290, l. 18, 27 [ici *cor* est glosé par *cunnrad*,
p. 292, l. 30;] t. III, p. 4, l. 5, 11; p. 6, l. 19; p. 10, l. 18-20;
p. 12, l. 11; cf. t. IV, p. 208, l. 30-31; p. 54, l. 7-8); 6° du
contrat où l'un des deux époux a été partie sans le consentement de l'autre époux, quoique ce consentement fût nécessaire
(t. II, p. 362, l. 6 [ici, comme plus haut, *cor* est glosé par *cun-*

drad, l. 10]; p. 380, l. 23; p. 382, l. 2; cf. t. IV, p. 208, l. 32).

Le contrat annulable s'appelle *naidm espa*, *aspa* « contrat inutile » (t. IV, p. 54, l. 6); *dochor* (t. I, p. 50, l. 30; t. II, p. 362, l. 7; t. III, p. 4, l. 6; p. 56, l. 32; p. 58, l. 1) ou *miohor* (t. II, p. 284, l. 22; p. 286, l. 1; p. 306, l. 3), c'est-à-dire « mauvais contrat, » contrat désavantageux dont il y a intérêt à demander l'annulation. On lui oppose le bon contrat, *so-chor* (t. I, p. 50, l. 30; t. II, p. 362, l. 7; t. III, p. 4, l. 5; p. 56, l. 30; p. 58, l. 2); c'est le contrat avantageux dont l'annulation n'est pas demandée, puisqu'il n'y a pas intérêt à le faire casser.

Les Irlandais ne connaissaient pas l'acte écrit; la traduction *want of written evidence* (t. II, p. 273) est un contre sens; le mot traduit, *brechtmaigte* signifie « douteux. » Quand l'obligation ne résultait pas soit de la coutume, soit d'un délit, elle était la conséquence d'une convention verbale : de là l'expression de *cor bél* « contrat de lèvres. » « Le monde serait fou, » dit un brocard irlandais, « si les contrats de lèvres n'étaient plus obligatoires. » Ce brocard a été inséré dans le dernier livre du *Senchus Mór* (t. III, p. 2, l. 3-4), d'où il est passé dans l'introduction (t. I, p. 40, l. 23-24). Pour que l'enfant adoptif, *mac foesma*, littéralement enfant de protection, ait acquis un droit sur les biens de la famille, il faut qu'il ait été introduit dans la famille par des « contrats de lèvres » (t. IV, p. 284, l. 16-18; p. 288, l. 14-15).

Tout contrat était donc verbal. Le moyen de preuve ordinaire était le témoignage, *fiadnisse*, *fiadnaisse*, de *fiadan* « témoin. » Il est souvent question de témoin, *fiadan*, et de témoignage, *fiadnaisse*, *fiadnaise*, dans le *Senchus Mór*. C'est le témoignage, *fiadnaise*, qui établit la validité de la saisie (art. 14, t. I, p. 102, l. 27; art. 51, t. I, p. 256, l. 21, 30-32; cf. p. 258, l. 3). Le commandement qui précède la saisie se fait verbalement en présence d'un témoin, *i fiadain frecnarcas* (t. I, p. 264, l. 11-12; p. 286, l. 22-23). La saisie elle-même, nous l'avons vu, est signifiée au débiteur en présence d'un homme de loi qui doit en témoigner (art. 4, t. I, p. 84, l. 9 et suiv.). Le texte légal ne donne pas à cet homme de loi le titre de témoin, *fiadan*, mais se sert d'une expression équivalente qui est le verbe *fuirglim*, « je témoigne, » dérivé de *forgell*, « témoignage. » Outre cet homme de loi, un témoin proprement dit, *fiadan*, devait assister : 1° à l'enlèvement de l'objet saisi (t. I, p. 264, l. 11; p. 286, l. 22-23; p. 288, l. 21, 29, 32, 33; t. II, p. 124, l. 8-9); 2° à la mise en fourrière de cet objet (t. I, p. 288, l. 22, 30, 34); 3° à la notification que le saisissant faisait de la mise en fourrière au saisi (t. I, p. 302, l. 18, 21). L'homme de loi et le témoin, *fiadan*, cela faisait les deux témoins, *testes*, prescrits comme nombre minimum par le *Deutéronome* : *In ore duorum aut trium testium stabit omne verbum*, XIX, 15; comparez le verset 6 du chapitre XVII : *In ore duorum aut trium testium peribit qui interficietur*. Ces deux textes de la loi judaïque sont reproduits dans la collection canonique irlandaise (livre XVI, c. 7 et 8, 2° édition de Wasserschleben, p. 47).

Dans un passage où, traitant de la saisie, le compilateur auquel nous devons le *Senchus Mor* a rédigé lui-même au lieu de copier un texte plus ancien, il a trois fois employé le mot latin *testis* au lieu des mots irlandais *fiadan*, « témoin, » *fiadnaisse*, « témoignage, » ou de *forgell*, équivalent irlandais de *fiadnaisse*. *Diomtar dias la teist* « on dit dualité pour témoignage » (t. I, p. 288, l. 11; p. 302, l. 12-16). Celui qui a écrit cette maxime avait évidemment sous les yeux le texte latin du *Deutéronome*, soit dans une Bible, soit dans la collection canonique irlandaise. L'influence de ce texte latin se produisait déjà quelques lignes plus haut quand le même auteur, toujours à propos des règles de la saisie, s'est servi du mot *teist* à l'accusatif singulier avec le sens de « témoignage » (p. 266, l. 4; p. 292, l. 28) et au datif pluriel *testaib*, avec le sens de « témoins » (p. 266, l. 6; p. 292, l. 31).

Nous avons parlé déjà des témoins nécessaires à l'homme qui procède à une saisie immobilière; c'est des mots *fiadnaisse* et *fiadan* que se sert le texte légal (t. IV, p. 18, l. 20, 24, 27). Il faut au duel des témoins : à l'accusatif pluriel *fiadna* (t. I, p. 250, l. 18; p. 252, l. 6-9). La preuve en matière de cheptel se fait par témoins, *fiadain*, *fiadna*, *fiadnaib* (t. II, p. 306, l. 19, 28; p. 308, l. 21; p. 328, l. 10).

Le témoignage qui avait le plus de valeur était celui des nobles. Le poids du témoignage égalait le prix de l'honneur du témoin. Pour être témoin il fallait avoir droit au prix de l'honneur (t. I, p. 288, l. 34-35). Nous avons déjà vu que témoignage, *fiadnaisse*, de roi l'emporte sur tout autre témoignage (t. I, p. 78, l. 18-19, p. 82, l. 30 et suiv.). La cause en est que le prix de l'honneur du roi dépasse le prix de l'honneur de tout autre personne séculière, sauf le savant de première classe *suï*; le prix de l'honneur du roi égale sept femmes esclaves; sept femmes esclaves ont donc la valeur du témoignage du roi; le rang inférieur de la noblesse se compose des *óc-aire* pour lesquels le prix de l'honneur est beaucoup moins élevé : trois bêtes à cornes (t. IV, p. 306, l. 12, 16; cf. t. III, p. 42, l. 19-20); en conséquence le témoignage de l'*óc-aire* vaut trois bêtes à cornes (t. IV, p. 306, l. 20-21). Au-dessus de l'*óc-aire* vient le *bó-aire* dont l'honneur est estimé cinq bêtes à cornes (t. IV, p. 308, l. 24-25; cf. t. III, p. 42, l. 20); le témoignage du *bó-aire* est compté cinq bêtes à cornes (t. IV, p. 308, l. 27). Le membre le plus élevé de la noblesse au-dessous du roi est l'*aire forgill* ou « noble de témoignage; » son témoignage vaut, comme son honneur, trente bêtes à cornes (t. III, p. 42, l. 23-24), ou dans un autre système vingt-cinq (t. IV, p. 328, l. 1-3 : au lieu de quinze il faut lire vingt-cinq).

Le faux témoignage, *gu-forgell*, des nobles envers leurs vassaux est puni de la dégradation (t. II, p. 328, l. 9-20). Le noble faux témoin doit une amende égale soit au prix du corps d'un homme (sept femmes esclaves) plus le prix de son honneur personnel, soit à moitié de ces sommes (t. III, p. 396, l. 5-8 : ici le faux témoignage est appelé *derb-forgeall oleithe*, « témoignage certain dissimulé »). De plus, il perd le droit de réclamer à l'avenir le prix de son honneur. Une glose prétend que la dégradation complète peut lui être opposée seulement par la personne à laquelle le faux témoignage a porté préjudice; une autre personne ne peut opposer que la demi-dégradation et cela seulement après le troisième faux témoignage. L'*aire forgill*, qui aurait porté faux témoignage contre quelqu'un et envers qui ce quelqu'un commettrait une injure grave, n'a droit de réclamer aucune indemnité pour le dommage que cette injure aurait faite à son honneur. Mais si l'injure grave avait été commise par un tiers, l'*aire forgill*, après trois faux témoignages, pourrait encore exiger de ce tiers moitié du prix de l'honneur d'*aire forgill*, soit quinze bêtes à cornes au lieu de trente (t. I, p. 56, l. 1-9). C'est un droit moderne plus favorable aux nobles que le droit primitif.

Les vassaux qui avaient reçu un cheptel servile, et avec ce cheptel le prix de leur honneur ne pouvaient plus être témoins; c'était à leur seigneur à témoigner en leur faveur : *fiadnaise don flaith for a daer-celaib*, « témoignage au seigneur sur ses serfs » (t. II, p. 344, l. 15). Le seigneur perdait ce privilège quand il était dégradé (t. II, p. 332, l. 9 et suiv.).

A défaut de preuve testimoniale on pouvait recourir 1° à la preuve du chaudron *aire* (t. I, p. 194, l. 23; p. 196, l. 18-21; t. IV, p. 284, l. 14, 288, l. 10; 294, l. 3), c'est-à-dire à la preuve par l'eau bouillante où l'on plongeait la main sans se brûler; 2° à la preuve par le sort qui se faisait par le jet de petits morceaux de bois, *crann-chur* (t. III, p. 140, l. 14, p. 336, l. 9 et suiv.; p. 438, l. 6; t. IV, p. 284, l. 14; p. 288, l. 10; p. 294, l. 3; cf. collection canonique, l. XXVI, c. 5, 2° éd., p. 84); 3° à la preuve par le duel, *neith* (t. I, p. 122, l. 9; p. 126; l. 15-16), *urgal* (t. III, p. 278, l. 7, 8), *roi* (t. I, p. 150, l. 12, 13; p. 154, l. 4; p. 194, l. 22-23; p. 196, l. 16-18) ou *comrac* (t. I, p. 154, l. 6; t. III, p. 302, l. 8; t. IV, p. 32, l. 4-5); 4° à la preuve par le serment : *noill*, gén. *noillech* (t. I, p. 196, l. 15-21; p. 234, l. 6-11; t. IV, p. 142, l. 1; p. 284, l. 13; p. 288, l. 9; p. 294, l. 1, 3), *luge* (t. III, p. 98, l. 7; t. IV, p. 300, l. 17) *luge fo aoth* (t. III, p. 394, l. 12); « il jure » se dit *toing* (t. II, p. 232, l. 13; t. III, p. 396, l. 11; t. IV, p. 300, l. 17).

La loi canonique admettait non seulement la preuve par le témoignage (collection canonique irlandaise, livre XVI) et par le serment (livre XXXV), mais aussi la preuve par le sort (livre XXVI). Elle voyait avec défaveur la preuve par le duel : *Clericus, si pro gentili homine fidejussor fuerit... de rebus suis solvat debitum; nam si armis compugnaverit, computetur extra ecclesiam* (l. XXXIV, c. 2; 2° éd., p. 122). Elle punissait de l'excommunication le débiteur laïque qui, malgré la déclaration de témoins attestant ses engagements, s'obstinait à nier la dette et recourait à la preuve par le duel pour établir qu'il ne devait rien : « Voici la décision du synode irlandais : Que tout » débiteur qui résiste aux témoins ou aux stipulations soit

» chassé de l'église jusqu'à ce qu'il fasse pénitence selon la dé-
» cision des juges. Patrice dit : S'il combat par les armes, qu'il
» soit jeté hors de l'église » (livre XXXIV, c. 8, 2° éd.,
p. 124).

Mais l'opinion publique n'était pas conforme à ces décisions.
Non seulement le duel, mais la bataille, *cath*, où de chaque
côté plusieurs combattants prenaient les armes, était considéré
comme un moyen d'arriver à la connaissance de la vérité.
Quand un roi était vaincu dans une bataille, *cath*, on le consi-
dérait comme indigne de régner. La défaite était une des sept
preuves dont chacune suffisait pour attester un mauvais roi
(*Ancient laws*, t. IV, p. 52, l. 5-10).

§ 63. Pour donner aide au serf dit *fuidir* en toute injustice (p. 124, l. 12; p. 138, l. 25-28).

La glose suppose que ce serf appartient à une famille et que
le coupable de l'injustice commise envers le serf est un membre de la famille; ce coupable est actionné par son frère.

§ 64. Pour recouvrer un couteau (p. 124, l. 12-13;
p. 138, l. 28-29).

§ 65. Pour recouvrer un miroir (p. 124, l. 13; p. 138,
l. 30).

§ 66. Pour recouvrer des jouets d'enfant (p. 124, l. 13;
p. 138, l. 31-33.

Ces trois paragraphes concernent des meubles qui appartiennent à la quatrième catégorie des objets pressés.

§ 67. Pour ramener les bestiaux de pâturage (p. 124,
l. 13-14; p. 138, l. 32-34).

Cet article fait double emploi avec le § 35.

§ 68. Pour recouvrer une bride (p. 124, l. 14; p. 138,
l. 35).

§ 69. Pour recouvrer des rênes (p. 124, l. 14; p. 138,
l. 35-36).

§ 70. Pour recouvrer un licou (p. 124, l. 14; p. 138,
l. 37-38).

§ 71. Pour recouvrer une hache (p. 124, l. 14; p. 138, l. 38; p. 140, l. 1).

§ 72. Pour recouvrer une serpe (p. 124, l. 14-15; p. 140, l. 2).

§ 73. Pour recouvrer la corde de la maison d'un cultivateur (p. 124, l. 15; p. 140, l. 2-6).

§ 74. Pour recouvrer le crochet de la maison d'une fermière (p. 124, l. 15-16; p. 140, l. 6 9).

Ces sept paragraphes concernent des meubles qui appartiennent à la quatrième catégorie des objets pressés.

§ 75. Pour jouissance d'une grange au temps où l'on récolte le blé (p. 124, l. 16. p. 140, l. 9-11).

§ 76. Pour jouissance d'une aire indivise (p. 124, l. 16-17; p. 140, l. 11-12).

La grange a été construite pour servir à une famille; un des membres de la famille s'est chargé de la construction; il veut se faire rembourser. L'aire est indivise, et un des copropriétaires veut y battre son blé; il actionne un autre des copropriétaires qui met empêchement à l'exercice de ce droit. Nous avons ici deux conséquences de la règle qui veut que la saisie pour procès de famille comporte un délai d'un jour (art. 30, p. 182).

§ 77. Pour recouvrer les huit organes qui font le service d'un moulin, savoir : la source, le cours d'eau, la digue, la meule de dessus, l'arbre, la meule de dessous, l'un des supports de l'arbre, la roue, l'autre support de l'arbre, la trémie qu'on appelle *cup cumle*; c'est-à-dire là où se baisse la femme esclave, *cumal*. Car le devoir de la femme esclave est d'en prendre soin (p. 124, l. 17-19; p. 140, l. 12-29).

Nous sommes encore ici dans la quatrième catégorie des objets pressés.

§ 78. Pour dépense faite afin de sevrer un enfant (p. 124, l. 19-20; p. 140, l. 29-30).

§ 79. Pour dépense faite afin de sevrer fils de morte (p. 124, l. 20; p. 140, l. 30-31).

§ 80. Pour dépense faite afin de sevrer fils de folle, de femme malade, sourde, lépreuse, borgne, aveugle, épuisée, manchotte, folle, (p. 124, l. 20-22; p. 126, l. 1; p. 140, l. 31-38; p. 142, l. 1-6).

Le sevrage du fils de morte figure dans la liste des cas de saisie d'un jour sans délai, c'est-à-dire de saisie pratiquée un jour après le commandement et avec enlèvement immédiat de l'objet saisi (art. 39, § 18, p. 226, l. 32-33; p. 228, l. 7-12). C'est un exemple des contradictions qui existent entre les différentes parties du *Senchus Mor*. Dans la glose de ce passage comme dans la glose du texte qui nous occupe ici, le proverbe : « On n'est pas nourri par corps mort, *ni alar o marb cru*, est cité d'après un livre dont le titre n'est pas donné.

La saisie est pratiquée par la famille, *fine* de la femme (p. 228; l. 8), par ceux qui ont autorité sur elle, *fer-lesaig* (p. 142, l. 4). Il s'agit de la première catégorie des objets pressés.

Il est à remarquer que la glose explique la folie de la femme par la magie. « On lui a jeté un sort, » dirait-on en France. « On lui a donné, » dit le texte irlandais, « plein la main de mensonge, » *in dlai fulla*. Cette formule est plusieurs fois répétée à propos de fous dans la glose des lois irlandaises (t. I, p. 90, l. 26; p. 142, l. 13; t. III, p. 12, l. 3).

§ 81. Pour le bac qui va d'une rive à l'autre (p. 126, l. 1; p. 142, l. 7-8.

§ 82. Pour le jeu d'échecs de la maison du chef (p. 126, l. 1-2; p. 142, l. 9-10).

§ 83. Pour le sel de la maison du cultivateur (p. 126, l. 2; p. 142, l. 10-11).

§ 84. Pour le cadenas qui sert à attacher les étrangers venus par mer (p. 126, l. 2-3; p. 142, l. 11-13).

Il a été déjà question au § 20 des étrangers venus par mer.

§ 85. Pour la cloche qui sonne sous le cou des bestiaux (p. 126, l. 3; p. 142, l. 13-17).

La cloche, dit la glose, distingue les animaux sacrés, *nemed*, ou nobles, *uasal*. L'animal sacré, *nemed*, ne peut être saisi que dans certaines conditions déterminées. Si cette prohibition n'est pas respectée, le défendeur a droit à dix bêtes à cornes d'indemnité (t. II, p. 38, l. 21 et suiv.; p. 44, l. 17 et suiv.; p. 48, l. 3 et suiv.). Les meubles mentionnés dans les §§ 81-85 appartiennent à la quatrième catégorie des objets pressés.

§ 86. Pour labourage en commun (p. 126, l. 3).

§ 87. Pour vassalité en commun (p. 126, l. 3-4).

§ 88. Pour le lit indivis des vassaux qui doivent en commun une redevance à un chef (p. 126, l. 4).

L'expression irlandaise pour désigner la situation des vassaux qui doivent en commun une redevance est *comaithches*; chacun de ces vassaux s'appelle *comaithech*; sa situation est le résultat du décès d'un débiteur unique, *aithech* qui a laissé plusieurs héritiers (t. IV, p. 68). Il s'agit donc ici d'indivision entre cohéritiers. Comme dans les §§ 22, 33, 30, 31, nous trouvons ici l'application du principe qui veut que, dans les procès de famille, la saisie qui a pour objet la restitution du principal comporte un délai d'un jour (art. 30, p. 182).

Les paragraphes suivants concernent des meubles qui appartiennent à la quatrième catégorie des objets pressés.

§ 89. Pour recouvrer un gril (p. 126, l. 4; p. 142, l. 28).

§ 90. Pour recouvrer la cuiller du gril (p. 126, l. 4-5; p. 142, l. 28-29).

§ 91. Pour recouvrer le chandelier de la maison de chacun (p. 126, l. 5; p. 142, l. 29-30; p. 144, l. 1).

§ 92. Pour recouvrer le soufflet de la maison d'un chef (p. 126, l. 5-6, p. 144, l. 1-3).

§ 93. Pour procurer un taureau à des vaches (p. 126, l. 6; p. 144, l. 3-4).

§ 94. Pour procurer un étalon à des juments (p. 126, l. 6-7; p. 144, l. 4-5).

§ 95. Pour procurer un porc à des truies (p. 126, l. 7; p. 144, l. 5-6).

§ 96. Pour procurer un bélier à des brebis (p. 126, l. 7-8; p. 144, l. 6).

§ 97. Pour recouvrer le chien qui se tient sur le fumier (dans la basse cour) (p. 126, l. 8; p. 144, l. 6-7).

§ 98. Pour recouvrer le chien du pâtre qui garde les vaches ou tous autres bestiaux (p. 126, l. 8-9; p. 144, l. 7-9).

§ 99. Pour recouvrer un petit chien de dame (p. 126, l. 9; p. 144, l. 9-11).

§ 100. Pour recouvrer un chien de garde (p. 126, l. 19; p. 144, l. 11-12).

§ 101. Pour recouvrer un chien de chasse (p. 126, l. 9-10, p. 144, l. 12-15).

Le seul de ces paragraphes qui ait besoin de commentaire est celui qui concerne le petit chien de dames. Le glossateur s'est demandé pourquoi cet animal était un objet pressé. Il l'explique en supposant que ce chien, qui habite la maison, appartient soit à une reine, soit à une femme grosse. Pour que le délai soit d'un jour, il faut que la saisie soit faite par le mari. Si la saisie était faite par la femme, reine ou non, à qui appartient le chien, le délai serait de deux jours comme dans toutes les saisies que font les femmes.

RÉSUMÉ

D'UN

COURS DE DROIT IRLANDAIS

LA SAISIE MOBILIÈRE DANS LE SENCHUS MOR

(SUITE)

PAR

H. d'ARBOIS DE JUBAINVILLE

MEMBRE DE L'INSTITUT
PROFESSEUR AU COLLÈGE DE FRANCE

PARIS

ERNEST THORIN, ÉDITEUR

Libraire du Collège de France, de l'École normale supérieure,
des Écoles françaises d'Athènes et de Rome
de la Société des Études historiques
7, RUE DE MÉDICIS, 7

1891

RÉSUMÉ

D'UN

COURS DE DROIT IRLANDAIS

LA SAISIE MOBILIÈRE DANS LE SENCHUS MOR

(SUITE)

PAR

H. d'ARBOIS DE JUBAINVILLE

MEMBRE DE L'INSTITUT
PROFESSEUR AU COLLÈGE DE FRANCE

PARIS

ERNEST THORIN, ÉDITEUR

Libraire du Collège de France, de l'École normale supérieure,
des Écoles françaises d'Athènes et de Rome
de la Société des Études historiques

7, RUE DE MÉDICIS, 7

1891

Extrait de la *Revue générale du droit.*

TOULOUSE. — IMPRIMERIE A. CHAUVIN ET FILS, RUE DES SALENQUES, 28.

LA SAISIE MOBILIÈRE DANS LE SENCHUS MOR

LA SAISIE AVEC DÉLAI. — *(Suite)* (1).

CHAPITRE V.

SAISIE AVEC DÉLAI DE DEUX JOURS.

Art. 21.

Saisie de deux jours, — entre un et trois jours, — Sencha la jugea, — en droits de nature, — pour tout bien de femme (*Ancient laws of Ireland*, t. I, p. 126, l. 11-12).

La glose sur l'article 21 (p. 144, l. 15-19) dit que la saisie de deux jours est placée entre celle d'un jour, pratiquée par les hommes, et celle de trois jours, également pratiquée par eux : on l'appelle ainsi, parce qu'elle comporte un délai de deux jours, pendant lequel l'objet saisi reste entre les mains du débiteur. Sur les derniers mots « tout bien de femme, » la glose est : « toutes choses auxquelles les femmes ont droit. » Il s'agit de la saisie qu'une femme en personne exerce pour défendre son droit.

Art. 22.

Jusqu'ici, il a été traité de la saisie d'un jour, délai qui

<hr>

(1) Ce travail, comme les précédents, est un ensemble de leçons ; il a été d'abord recueilli par M. P. Collinet, licencié en droit, puis revu par le professeur, qui en prend la responsabilité.

doit être observé rigoureusement, s'il n'est pas allongé par l'équité et le droit naturel, chez les Fêné, conformément à l'analogie, comme le veulent la justice et la loi. Le droit de propriété n'est pas fondé sur les jugements : le droit est au-dessus des jugements. Tout animal qui met bas deux jumeaux a la même valeur qu'eux. Tel est le jugement rendu par Brigh Briugaid, qui habitait à Fesen. Chaque saisie de deux jours, son droit sur quatre jours, son délai en fourrière sur huit (t. I, p. 144).

La glose de l'article 22 (p. 146, l. 21 et suiv.) expose qu'outre le délai de deux jours (pendant lequel, postérieurement à la saisie, l'objet saisi reste entre les mains du défendeur), il y a un délai de deux jours antérieur au premier. Le délai postérieur à la saisie s'appelle *anad*, le délai antérieur *apad*, et il débute au commandement. Ces deux délais de deux jours forment un délai complet de quatre jours, après lesquels a lieu l'exécution, c'est-à-dire l'enlèvement de l'objet saisi et sa mise en fourrière, à moins que le débiteur ne paye la dette réclamée ou ne donne caution de comparaître devant un juge, ou, enfin, ne consente à un jugement immédiat, *fuigel*. Le délai en fourrière est de quatre jours : il s'appelle *dithim*, il est égal, en durée, au total des deux délais précédents, et, additionné avec eux, il donne un chiffre total double : huit jours.

Une fois le délai de huit jours expiré (délai qui part du jour du commandement), ou, si l'on veut, une fois le délai de quatre jours terminé (en partant du jour où l'objet saisi a été enlevé et mis en fourrière), l'objet saisi est frappé d'une sorte de confiscation progressive qui le fait passer, de jour en jour, graduellement entre les mains du demandeur, en sorte que le droit du défendeur s'éteint au profit du demandeur.

La durée des délais, *apad*, *anad*, *dithim*, varie suivant que la saisie est d'un, de deux, de trois, de cinq ou de dix jours ; quand la saisie est d'un jour, l'*apad* dure un jour, l'*anad* autant, le *dithim* deux jours, total : quatre jours ; quand la saisie est de dix jours, l'*apad* dure dure dix jours, l'*anad* autant, le *dithim* vingt jours, total : quarante jours ; le nombre des délais et leur durée relative restent toujours les mêmes.

La saisie de deux jours est celle que pratique la femme demanderesse contre une femme ou contre un homme ; mais quand la saisie est pratiquée par un homme contre une femme, cette loi ne s'applique plus. Il est probable qu'originairement, l'homme pratiquait, contre la femme comme contre l'homme, la saisie d'un jour et de trois jours ; suivant une glose de date relativement récente, la femme poursuivie par un homme a toujours droit au délai de cinq ou de dix jours (cf. glose p. 146, l. 26-27).

ART. 23.

Saisie de deux jours :

§ 1. Par fille pour héritage de sa mère ;

§ 2. Pour parole injurieuse par une femme à une autre ;

§ 3. Pour se débarrasser d'une femme qui prend possession d'un immeuble, car une femme n'exerce de saisie immobilière contre une autre qu'en mettant, sur l'immeuble qu'elle saisit, des moutons, un pétrin et un crible (t. I, p. 146, 148).

§ 1. L'héritage qu'une mère transmet à sa fille peut être de deux sortes : la première catégorie de biens transmis se compose des objets mobiliers à usage de femme que possédait la mère ; la seconde est constituée, s'il y a lieu, par la portion d'héritage que la mère de la créancière saisissante a eue de son père. L'origine de cette portion d'héritage remonte au grand-père maternel de la créancière saisissante.

Dans la première catégorie, la glose donne, comme exemple, des moutons, des objets mobiliers et l'héritage du fuseau.

La seconde catégorie est désignée par la formule *orba craib no sliasta*. Le tome IV, p. 14, l. 26-28 donne le commentaire de cette formule : « la mère a hérité de son père, et a eu l'intégralité de la succession paternelle à défaut de fils. » Le phénomène juridique qui se produisait à défaut de fils, et quand il y avait une ou plusieurs filles, est exprimé plus complètement, tome IV, p. 40, l. 13-18 : la fille héritait avec charge de service militaire d'attaque et de défense. Si elle ne voulait pas accepter cette charge, elle ne prenait que la moitié de la succession ; l'autre moitié retournait à la famille du grand-père maternel. En tous cas, que la fille ait la moitié ou l'intégralité de la succession, ce qu'elle a hérité de son père est transmis par elle à sa fille ou à ses filles, mais celles-ci en ont seulement la jouissance viagère, et, après sa mort, la propriété revient à la famille du grand-père maternel (1). Cette famille n'a donc été dépouillée que momentanément (c'est-à-dire pendant deux générations) d'un droit héréditaire qui, en principe, ne devait pas appartenir à une autre famille.

Les fils de la mère qui, à défaut d'héritiers mâles, a hérité de sa mère, n'ont, en principe, aucun droit sur la succession de leur mère. Cette règle s'applique sans exception quand le mari de la mère défunte est un citoyen irlandais, *urrad*. Si c'est un étranger, *deorad*, par exemple un naufragé *mur-cairthe*, les enfants mâles pourront avoir moitié des biens de leur grand-père, et la moitié seulement reviendra à la famille du grand-père ; tel est le sens des l. 5-8, p. 44, t. IV ; cf. glose, *ibid.*, l. 14-15. Dans le texte de ce passage, l. 5, *muncoirthe* est une faute pour *murcairthe* ou *muir-cairthe* bien écrit dans la glose (l. 15). L'étranger, et notamment le naufragé, n'ayant pas de famille, ses enfants entrent dans la famille de leur grand-père ; et, quand on laisse entre leurs mains une partie de la fortune familiale, il n'y a pas lieu à craindre, comme si on la laissait à un compatriote, de dépouiller une famille irlandaise au profit d'une autre famille irlandaise ; l'étranger continuera, en Irlande, une famille qui s'éteindrait sans lui. Sur le naufragé, voir art. 26, § 9 ; art. 28, § 42.

§ 3. Les règles de la saisie immobilière par les femmes sont données au tome IV, p. 8 et suiv. On y voit comment une femme qui veut s'emparer d'un immeuble vient par deux fois, dans certaines formes et avec certains délais déterminés,

_____

(1) *Ban adba taisic* « propriété de femme revient, » t. IV, p. 16, l. 24 : Cf. collection canonique irlandaise, l. XXXII, c. xx : Sinodus Hibernensis : « Auctores ecclesiae hic multa addunt, ut feminae dent ratas et stipulationes ne transferatur hereditas ad alienos. » Wasserschleben, *Die irische Kanonensammlung*, 2ᵉ édition, p. 126.

s'installer sur la terre contentieuse. La première fois, elle amène deux brebis et fait un commandement ; la seconde, elle amène quatre brebis, et apporte un pétrin, un crible, ses ustensiles de cuisine ; le défendeur peut répondre au commandement en acceptant un arbitrage ; mais une autre procédure est à sa disposition : à la saisie immobilière il peut répondre par une saisie mobilière (sans doute celle des objets mobiliers apportés par la femme); c'est l'objet du § 3, art. 23, t. I, p. 46, ligne dernière ; p. 148, l. 1 et 2.

ART. 24 (p. 150, l. 3-13).

Saisie de deux jours.
§ 4. Pour prix de travail manuel.

La glose p. 152, l. 6 donne, comme exemple, l'art de peigner la laine, de la tisser, et on y joint le tarif singulier que la main d'œuvre est évaluée au dixième de la valeur de l'objet fabriqué, *dechmad cacha dula*.

§ 5. Pour gages.
§ 6. Pour tissage.
§ 7. Pour bénédiction d'une femme à une autre.

La personne qui fabriquait un objet était obligée de le bénir avant de le livrer, et, quand elle ne s'acquittait pas de cette obligation, elle devait restituer le septième de la valeur de la nourriture qu'on lui avait donnée pendant son travail (p. 152, l. 7-9).

§ 8. Pour toute matière qui est sur les fuseaux.
§ 9. Pour fuseau en général.

Pour filer le lin, dit la glose (p. 151, l. 10).

§ 10. Pour un genre de fuseau spécial.
§ 11. Pour une espèce de sac.
§ 12. Pour le roseau du tisserand.
§ 13. Pour tout ce qui sert au métier de tisserand.
§ 14. Pour baguette de lin.
§ 15. Pour quenouille.
§ 16. Pour dévidoir.

§ 17. Pour balancier.

§ 18. Pour laine filée.

§ 19. Pour le dévidoir de la fileuse.

§ 20. Pour la bordure.

§ 21. Pour le patron de l'ouvrage.

§ 22. Pour la besace avec son contenu.

§ 23. Pour le panier.

§ 24. Pour le sac de cuir.

§ 25. Pour les verges.

§ 26. Pour les cerceaux.

§ 27. Pour l'aiguille.

§ 28. Pour les fils de couleur.

§ 29. Pour le miroir qu'une femme a prêté à une autre.

§ 30. Pour Bairené au chat blanc.

Bairené serait un personnage légendaire (p. 152, l. 33).

§ 31. Pour le petit chien d'agrément des reines.

§ 32. Pour objets mobiliers du champ où l'on se bat.

C'est-à-dire pour les fournitures nécessaires à un duel.

§ 33. Pour fournitures d'armes, car c'est pour le droit des femmes que, pour la première fois, on se battit en duel.

Sur le duel, voy. t. IV, p. 32. La glose t. I, p. 154, l. 4-5, dit : « Car c'est pour les femmes, d'après vérité, que fut décidé le combat la première fois dans le champ, c'est-à-dire pour Ain et Iain, les deux filles de Partalon. »

Partalon, personnage mythologique, avait deux fils et deux filles : Fer et Fergnia étaient les noms des deux fils; les filles s'appelaient Ain et Iain. Fergnia, l'aîné, épousa Iain, et Fer épousa Ain. Partalon était mort, la tutelle appartenait au chef de la famille ; or, le principe, dans le traité dit *Racholl Bretha*, était ainsi conçu : « La moitié du premier prix de vente de chaque femme appartient au chef de la famille, si c'est après la mort du père. » Cette règle de droit se trouve dans le traité intitulé : *Bescna* (t. IV, p. 62, l. 9-10), et dans le *Lebar Aicle* (t. III, p. 314, l. 8-9); c'est une glose sur la règle qui veut que le père ait la totalité du prix du premier mariage de sa fille (t. II, p. 346, l. 9-12). Le prix du premier mariage appartient au père en totalité, puis les deux tiers du prix du second mariage, et ainsi en diminuant jusqu'au vingtième mariage.

Fergnia demanda à son frère de lui payer moitié du prix de vente ; alors Fer refusa. Pourquoi? demande le glossateur ; peut-être était-il indigne (par exemple, il n'avait pas payé les dettes de son père, comme au t. IV, p. 62, l. 10), ou peut-être le frère cadet répondait-il à l'aîné que lors du mariage du frère aîné, celui-ci n'avait payé de prix à personne et que, par conséquent, il devait y avoir compensation. Ils se battirent, et le résultat de ce combat légendaire est demeuré inconnu (p. 154, l. 6-25).

APPENDICE AU CHAPITRE V.

LA LEX ADAMNANI.

L'obligation du service militaire pour les femmes a été supprimée par la *Lex Adamnani*. Cette loi fut rendue en 693, suivant le *Chronicon Scotorum* (éd. Hennessy, p. 672, 673); suivant les *Annales d'Ulster* (éd. Hennessy, p. 146), elle daterait de l'année 696. On appelait cette loi, en latin, *lex innocentium*, et en irlandais, *Cain Adamnain, cen na mnd do marbad* « Loi d'Adamnan, sans tuer les femmes » (*Vita s. Columbae*, éd. Reeves, p. 179, note).

Un des textes les plus anciens qui se rapportent à cette loi est, peut-être, un passage des *Annales de Tigernach*, écrites au onzième siècle ; c'est dans le paragraphe que ces annales consacrent à l'année 697 : *Adomnan tuc recht in Erind an bliadain sea* « Adamnan porta une loi en Irlande cette année-là » (O'Conor, *Rerum Hibernicarum Scriptores*, t. II, p. 219).

Toutefois, nous penchons à croire qu'il y a un texte plus ancien encore, c'est un passage du martyrologe d'Oengus. Sous la date du 23 septembre, on lit qu'à Adamnan de Iova, dont la troupe monastique est brillante, le noble Jésus accorda la délivrance perpétuelle des femmes irlandaises : *soerad m-buan m-ban Gôidel* » (Whitley Stokes, *Calendar of Oengus,*

p. cxxxix), M. Stokes prétend prouver, par des raisonnements linguistiques, que ce document n'est pas antérieur à la fin du dixième siècle ; mais les faits sur lesquels il s'appuie peuvent être, presque tous, mis sur le compte des copistes ; les autres ne paraissent pas avoir l'importance que le savant auteur leur attribue, et il y a, dans ce document, des indications historiques qui rendent possible de fixer la date de sa rédaction antérieurement au neuvième siècle. Ces observations chronologiques ne s'appliquent pas à la glose, évidemment beaucoup plus récente ; mais cela ne nous empêchera pas de rapporter, d'après elle, comment Adamnan fut amené à proposer et à faire adopter la loi qui porte son nom.

Un jour, dit-on, Adamnan traversait la plaine de Mag-Bregh. Il était avec sa mère qu'il portait sur son dos (1). La mère et le fils virent deux troupes armées qui combattaient ; la mère remarqua une femme qui, tenant une faucille de fer, avait fait entrer la pointe de cette arme dans le sein d'une femme de la troupe opposée. (En effet, dit le glossateur, les femmes allaient, comme les hommes, aux combats en ce temps.) La mère d'Adamnan descendit du dos de son fils, et s'assit par terre : « Tu ne m'emporteras pas d'ici, » dit-elle à Adamnan, « tant que les femmes ne seront pas pour toujours délivrées de l'obligation de faire la guerre. » Adamnan lui promit de faire en sorte que ce désir fût réalisé. Il arriva, après cela, qu'une grande assemblée se tint en Irlande : Adamnan y alla comme délégué des clercs d'Irlande, et il y affranchit les femmes de l'obligation du service de guerre (*Calendar of Oengus,* éd. Whitley Stokes, p. cxlvi-cxlvij).

CHAPITRE VI.

SAISIE AVEC DÉLAI DE TROIS JOURS.

ART. 25.

Nous venons de parler de la saisie de deux jours, telle

(1) Le saint abbé devait alors être fort âgé : si l'on s'en rapporte à la chronologie du *Chronicum Scotorum,* il aurait eu soixante et douze ans, étant né en 624 ; sa mère aurait eu environ quatre-vingt-dix ans.

qu'elle fut établie par jugement de Brigh Briugaid, qui habitait à Feisin, et par Sencha, fils d'Ailill, fils de Culclan; les habitants d'Ulster se soumirent à cette décision. Ce fut ensuite qu'on ajouta un jour à deux; en effet, les hommes d'Irlande auraient péri, si on n'en était venu au délai de trois jours, car personne ne pouvait distinguer son droit ni le droit de sa famille; personne n'avait le temps de réfléchir ni de déterminer exactement quelle était sa propriété, quand même ses droits sur elle auraient été bien certains, lorsque les délais de la saisie n'étaient que d'un jour, et qu'Ailill, fils de Mata, rendait ses jugements précipités. Alors vint Coirpré Gnâthchoir, qui ne supporta pas qu'aucun droit ne comportât qu'un délai d'un jour, et qui exigea les délais de trois, de cinq et de dix jours, afin que chacun eût son droit par périodes de jugement. La première saisie de trois jours qui se fit en Irlande, fut pratiquée contre ceux qui ne s'étaient point rendus à l'armée d'Aileil, fils de Mata (t. I, p. 150, 152; glose, p. 154-156).

Il ne faut pas considérer comme exacte l'assertion que la saisie de trois jours aurait été inventée après celle de deux jours : « Ce fut après cela qu'on ajouta un jour à deux. » L'article 25 tout entier est de la composition du compilateur auquel on doit le *Senchus Mór*, et il est bien plus récent que les énumérations des cas dans lesquels se pratiquent les diverses saisies. La saisie de deux jours par les femmes est la plus récente de toutes.

Coirpré Gnâthcoir, auquel on devrait l'invention des saisies plus anciennes, celles de trois, cinq et dix jours, est un personnage imaginaire créé par les jurisconsultes irlandais. On l'a déjà vu intervenir dans l'article 1er (t. I, p. 64), où il a donné des gages pour obtenir mainlevée de la saisie.

Quant à Ailill, fils de Mata (ou mieux Maga), sa figure est une des plus importantes de la vieille épopée irlandaise, il était roi de Connaught, et le principal morceau de la littérature la plus ancienne de l'Irlande, le *Táin bó Cúailnge*, qui existait déjà au commencement du septième siècle, a pour sujet une expédition entreprise par lui contre le royaume d'Ulster. C'est probablement de cette expédition qu'il est question ici. Toutefois, remarquons l'intelligence avec laquelle procède ici l'auteur du *Senchus Mór* ; c'est ici, dans la partie de sa rédaction relative à la saisie avec délai, qu'il parle de la saisie pratiquée par Aillil, faute de service militaire ; or le défaut de service militaire donne lieu à saisie immédiate suivant l'art. 42, § 1, p. 230, l. 20, et il figure aussi, comme on va le voir, dans la liste des causes qui donnent lieu à la saisie avec délai entre les mains du débiteur. L'idée n'est pas venue à l'auteur du *Senchus* de nous expliquer cette contradiction ; elle résulte de ce que la nomenclature relative à la saisie immédiate et la nomenclature relative à la saisie avec délai sont deux très vieux documents indépendants l'un de l'autre, et enchassés tels quels sans changement dans le texte plus récent du *Senchus mór*.

ART. 26.

Saisie de trois jours.
§ 1. Pour expédition (p. 156, l. 27).

C'est le devoir de guerre : host et chevauchée du droit féodal. La durée du délai est la conséquence d'un principe déjà vu à l'article 2, p. 78, l. 16 : *treisi do rig* « trois jours au roi. » Le roi doit donner un délai de trois jours à ses sujets, dans son royaume (gl. p. 158, l. 1-6). On a déjà signalé la contradiction de cet article avec l'article 42, § 1, p. 230, l. 20.

§ 2. Pour rente.

Cette rente était due au chef comme le devoir de guerre par les Irlandais, mais ce n'était pas une conséquence de la doctrine, qui est la base du droit féodal, à savoir que le seigneur est propriétaire du sol et qu'il a le domaine éminent, tandis que le tenancier n'a qu'un droit réel de second ordre : le domaine utile. En Angleterre, le domaine utile a fini par disparaître, et c'est là l'origine des grandes fortunes territoriales de ce pays. Mais la rente irlandaise n'est pas un signe de propriété chez celui qui la reçoit ; elle a pour origine, non pas l'abandon conditionnel d'une portion du sol par le seigneur au tenancier, mais un contrat librement formé par le tenancier propriétaire avec le seigneur qui recevra une certaine redevance. Dans le traité de la saisie immobilière, on voit que le saisissant a le droit d'établir une rente au profit d'un chef sur la terre saisie ; ce droit est la conséquence de ce que le saisissant a acquis la propriété ; la rente ainsi créée par le saisissant était appelée *cis nemead* (t. IV, p. 20, l. 3, p. 24, l. 1) (1) ; ainsi le droit réel analogue au domaine éminent est, en Irlande, l'effet d'une acquisition par le seigneur, et non d'une concession de terre par le seigneur au vassal. Le nom étranger de la rente, *cis* (du latin *census*), atteste que nous sommes en présence d'un phénomène juridique relativement récent et postérieur à l'introduction du christianisme et du droit canon en Irlande (2).

§ 3. Pour assemblée.

La glose explique que le roi tient des assemblées de trois sortes (p. 158, l. 17-18) : 1° assemblées dans lesquelles on fait, soit des lois locales, soit des conventions avec les royaumes voisins ; 2° assemblées ecclésiastiques ; 3° assemblées guerrières, dont il est question plus loin. A la première catégorie se rattachent les assemblées dans lesquelles deux *tuath*, ou états, se réunissent pour faire une convention, une loi obligatoire dans les deux *tuath*.

§ 4. Pour faire une grande route.
§ 5. Pour faire une petite route.

Cette petite route, dit la glose, doit être bordée de deux fossés (p. 158, l. 29).

§ 6. Pour faire une foire.

Les deux §§ 5 et 6 paraissent faire double emploi avec les §§ 18 et 19 de l'article 20 (p. 122, l. 14 ; p. 128, l. 7-11), où le nettoiement des routes de second ordre (*rot*, par opposition à *slige*) et le nettoiement des emplacements de foire sont

---

(1) L'éditeur n'a pas compris cette formule, et cependant la glose est parfaitement claire : il a écrit « *noch is nemead* » au lieu de « *no chis nemead.* »

(2) Comparez l'expression : *degens sub censu* dans la collection canonique irlandaise, l. XLI, c. VIII, IX ; Wasserschleben, *Die irische Kanonensammlung*, 2° édition, p. 160 ; cf. *Ancient laws of Ireland*, t. I, p. 230, l. 21 ; p. 232, l. 10 ; t. III, p. 50, l. 25, 30 ; p. 62, l. 25.

classé parmi les actes dont le défaut donne lieu à une saisie d'un jour avec délai ; or, ici, le glossateur a compris que, faire une route et faire une foire, était mettre en état la route et l'emplacement de la foire : « c'est-à-dire amende pour n'avoir pas nettoyé la route ; » suivant lui faire une foire, c'est faire les fossés qui entourent son emplacement, et mettre en état son emplacement sur lequel se trouve le rejet de terre des fossés, *fert* (p. 160, l. 1). Évidemment le travail dont il s'agit ici est plus important que celui dont parle l'article 20. L'amende est plus élevée ; c'est pour cela que le délai est plus long.

§ 7. Pour service d'attaque et de défense.

La glose explique que le service d'attaque se fait : 1° contre les hommes, soit pirates, soit autres étrangers à la *tuath*, 2° contre les loups, *macu tiri* (fils de la terre). Le service de guerre contre les premiers était dû tous les jours de la semaine ; le service contre les loups, une fois par semaine seulement (p. 160, l. 1-8).

§ 8. Pour le tort causé par tout petit animal (p. 156, l. 28, 29 ; p. 160, l. 7-9) (1).

Un cas de ce genre est exposé, d'une façon détaillée, dans le glossaire de Cormac, sous le mot *mug-eime*. L'auteur raconte qu'il y eut un temps où une partie de la Grande-Bretagne était occupée par les Irlandais. Il y avait, à cette époque, en Grande-Bretagne, de petits chiens de dame, et il n'y en avait pas en Irlande ; l'exportation de ces petits chiens était interdite. Cependant, Cairbre Musc en acquit un ; voici comment : il alla en Grande-Bretagne faire visite à l'un de ses amis ; il avait un poignard dont le manche était orné d'or et d'argent ; il le frotta de graisse et le laissa une nuit dans un coin. Le petit chien, voulant manger la graisse, abîma le

______

(1) Il est aussi question de ce genre d'affaires (tort causé par des animaux) dans la *Collection canonique irlandaise*, liv. LIII, chap. V, VI, IX. On y voit dans quelles circonstances, d'après l'usage irlandais, le maître était responsable du dommage causé par son chien, son chat, ses poules. Si un chien a fait du dommage la nuit, le maître n'est pas tenu de payer ; si c'est le jour, il est responsable. Wasserschleben, *Die irische Kanonen-Sammlung*, 2° édition, p. 213-215.

poignard, et Cairbre Musc exigea l'abandon noxal du petit chien, en vertu de la règle : « Chaque criminel pour son crime. » Il emporta le petit chien, et, à partir de cette époque, on eut en Irlande des petits chiens de dame (Whitley Stokes, *Three Irish glossaries*, p. 29-30; traduction, p. 111-112). Le principe : « Chaque criminel pour son crime » est celui en vertu duquel les meurtriers insolvables, et dont la famille ne payait pas la composition, pouvaient être arrêtés et mis à mort par la famille du défunt. On dit aussi : « Que chacun soit pour son crime; » il ne faut pas séparer cette règle de la glose qui dit : « ... pour son crime volontaire quand il ne trouve pas l'*eric*, » c'est-à-dire quand il ne peut payer la com-position (t. IV, p. 250, l. 16-17; cf. t. I, p. 10, l. 27-28, et p. 12, l. 25-30). *Cach rob ina chin*, dit le glossaire de Cormac (p. 30, l. 18), et la même formule est dans le *Senchus Mór : Cach in a-chinad* (t. I, p. 12, l. 30), « chacun pour son crime. »

C'est par l'abandon noxal que s'explique l'usage relaté dans le *De bello gallico* de César (liv. VI, ch. XVI, § 5) : le supplice du feu infligé en Gaule aux hommes coupables de vol, de brigandage ou de quelques crimes : *Supplicia eorum qui in furto aut in latrocinio, aut aliqua noxa sint comprehensi*. La personne lésée, ou la famille du mort pouvait, en cas d'insol-vabilité du coupable, s'adresser à sa famille; à défaut de sa famille, à son chef; et à défaut de son chef, au roi, comme on le voit dans les *Ancient laws of Ireland*, t. IV, p. 240. Dans le cas où ni la famille, ni le chef, ni le roi du coupable ne voulaient payer la composition, la personne lésée ou sa famille, qui parvenait à s'emparer du coupable, pouvait le traiter comme elle l'entendait, et même le mettre à mort.

Tel fut, dit-on, le sort de Nuada le Rouge, neveu du roi d'Irlande, Loégairé. Nuada avait déjà commis quelques méfaits pour lesquels Loégairé le tenait en prison. Pour plaire à son oncle, il promit de tuer saint Patrice; mis provisoirement en liberté, il visa mal, et, au lieu de Patrice, tua Odran, le co-cher qui conduisait le char du saint. Sur la plainte de Patrice, Nuada perdit la vie; le roi n'aurait pu le sauver qu'en payant la composition, ce qu'il ne se soucia pas de faire. On peut voir, sur ces faits, l'introduction du *Senchus Mór*, p. 4-15.

§ 9. Pour le crime de ton fils, de ta fille, de ton petit-fils, de ta femme salariée, de ton messager, de ton naufragé, de ton fou et de ton bouffon (p. 156, l. 29-31).

La partie de ce paragraphe, qui concerne le *fils*, le *petit-fils*, la *femme*, est inconciliable avec une maxime contenue dans le traité de la saisie immédiate. D'après ce traité, il y a cinq personnes dont le crime donne lieu à saisie immédiate, avec délai de cinq jours en fourrière. Ces cinq personnes sont : père, *fils*, *petit-fils*, frère et *femme* (*Anc. Laws of Ireland*, art. 45, t. I, p. 238, l. 6-9). Ainsi quand un homme est poursuivi comme responsable du crime de son fils, de son petit-fils et de sa femme, la saisie est immédiate suivant l'article 45, avec délai suivant l'article 26.

Les cinq personnes de l'article 45 sont celles qui constituent la première des quatre sections dont se compose la famille, *fine*. En effet, la famille, *fine*, se divise en quatre sections : 1° *geil-fine*, cinq personnes; 2° *deirb-fine*, neuf personnes; 3° *iar-fine*, treize personnes; 4° *ind-fine*, ou famille de la fin, dix-sept personnes (t. IV, p. 282, l. 18-20; p. 284, l. 1; cf. I, p. 260, l. 1-2; p. 274, l. 12). La première section étant composée de cinq personnes, pour trouver le nombre des personnes de la seconde section, il faut ajouter quatre au chiffre de la première section. De même, pour trouver le chiffre de la troisième section, il faut ajouter quatre au chiffre de la seconde, et pour trouver le chiffre de la quatrième section, il faut ajouter quatre au chiffre de la troisième.

A l'énumération des cinq personnes dont le crime donne lieu à saisie immédiate correspondent, dans un autre texte, article 31 (t. I, p. 182, l. 22-24), certains détails intéressants. On voit, dans cet article, que, lorsqu'il s'agit du crime du descendant au quatrième degré, du descendant au troisième degré, en général du crime de tout descendant *jusqu'aux dix-sept personnes*, la saisie n'est pas immédiate, et le délai est de cinq jours, au lieu de trois jours conformément à l'article 26, § 9 (p. 160, l. 19-24).

Le petit-fils au quatrième degré s'appelle *ind-ue*, et appartient à la quatrième et dernière section de la famille *ind-fine* (à comparer le descendant au troisième degré, *iarm-ue*,

qui appartient à la troisième section de la famille, *tar-fine*) ;
l'expression de *dix-sept personnes* est équivalente de quatrième
section de la famille ou *ind-fine*. Les personnes qui composent la première section de la famille sont toutes des parents
au premier degré, suivant le comput du droit canonique, sauf
le petit-fils.

Mais revenons à l'article 26, § 9. L'article 26, § 9, combiné
avec l'article 31 (p. 182, l. 22), donne un système qui contredit celui de l'article 45 (p. 238). La doctrine de l'article 26,
§ 9, et de l'article 31, est que la saisie exercée contre les
parents comporte le maintien de l'objet saisi entre les mains
du défendeur pendant un certain délai, et que ce délai est de
trois jours lorsqu'il s'agit des parents les plus proches, et de
cinq jours lorsqu'il s'agit des parents les plus éloignés ; mais,
suivant l'article 45, p. 238, l. 6-9, l'objet saisi à cause du
crime des parents ne reste pas entre les mains du défendeur,
il est immédiatement enlevé, et il demeure en fourrière pendant cinq jours lorsqu'il s'agit des parents les plus proches,
geil-fine ; le système exposé par l'article 45 paraît complété
par l'article 47, où le fugitif qui quitte sa famille donne lieu
contre elle à une saisie immédiate avec délai de dix jours en
fourrière, quel que soit le degré de parenté (p. 246, l. 20),
c'est-à-dire quand il s'agit de *deirb-fine*, *tar-fine*, *ind-fine*.

L'article 45 appartient au traité de la saisie immédiate, qui
a constitué une sorte de code, plus ancien que le traité de la
saisie avec délai ; et le compilateur, auteur du *Senchus Mór*, a
inséré ces deux traités dans son recueil sans chercher à les
accorder entre eux. Ce qui prouve l'antiquité de l'article 45,
la date relativement récente des articles 26 et 31, c'est que
l'article 45 est conforme à un vieux brocard cité deux fois
par l'auteur du *Senchus Mór*, et que ce brocard est inconciliable avec la doctrine des articles 26 et 31 : *Cuicthe fri cond
cuindegar* « comporte un délai de cinq jours la saisie prati-
» quée contre l'homme *sui juris* (pour le fait de l'incapable
» placé sous son autorité] » (t. I, p. 78, l. 14 ; p. 204, l. 8).

Après le crime du fils, de la fille, et du petit-fils, l'article
26, § 9, passe au crime de la femme salariée : *do mna foch-
raice.*

Que faut-il entendre par femme salariée? D'après la glose

p. 160, l. 24 et suivants, cette expression comprend d'abord la *prim ben* (c'est-à-dire la *matrona* unie par de justes noces). Le mot *prim* est postérieur au christianisme. La véritable expression irlandaise est *cét-muinter* (T. II, p. 382, l. 18; p. 384, l. 1-2; p. 380, l. 25, l. 31). On oppose à la *cét-muinter* la *ben urnadma* (femme de contrat), (T. II, p. 380, l. 25).

Au mariage de la *cét-muinter*, *prim-ben* ou *matrona*, s'opposait celui où la femme était dans une situation d'infériorité, et notamment celui où la femme se mariait pour un an : la femme était dans ce mariage peu considérée. Le glossateur croit que l'auteur a eu ici en vue les deux sortes de femmes : 1° la *cét-muinter* ou *prim ben*, 2° la femme qui est sur salaire *for foicht* chez toi, c'est la *ben urnadma* que le droit canonique n'admet que comme simple domestique (1).

Dans l'énumération de personnes que donne notre article 26, § 9, il manque le père et le frère, lacune étrange, car la glose, p. 160, l. 20, dit que les parents dont il est question sont les plus proches, *inbleogain is nesa*. Nous avons (art. 45, p. 238, l., 8) une autre énumération des membres de la famille dont on est responsable en premier lieu et qui forment le *geil-fine;* père (2), fils, petit-fils, frère et femme. Cette énumération est plus ancienne que celle que nous avons dans l'article 26, puisqu'elle appartient au traité de la saisie immédiate : les deux listes s'accordent sur le nom du fils, du petit-fils et de la femme, et dans la première il faut suppléer le nom du père et du fils.

Nous arrivons aux personnes attachées à la maison et étrangères à la famille : « messager, naufragé, fou, bouffon. » Ce sont là probablement des exemples et on doit entendre d'une façon générale les esclaves et les domestiques; du reste, le mot naufragé a une glose *dair = doffer* (*malus homo*), mot équivalent à serf. Sur le naufragé, comparez plus bas, art. 28, § 42.

§ 10. Pour le crime de ta main, de ton œil, de ta langue, de ta lèvre.

____

(1) Le sens canonique représente, peut-être, l'idée du glossateur.

(2) Le fils est responsable de son père quand le père, étant devenu incapable par l'âge ou la maladie, le fils le remplace comme chef de famille et devient *sui juris*, en irlandais *cond*, le père ne l'étant plus.

Pour bien comprendre ce texte, il faut se reporter à l'article 45 (p. 298, l. 9-14), qui traite, comme on l'a déjà dit, de la saisie immédiate et qui l'autorise encore ici quand l'article 26 impose la saisie avec délai.

On voit dans l'article 45 que le crime de la main se commet en blessant ou en tuant, en volant ou en abusant. Le crime de l'œil consiste à connaître ou à voir une mauvaise action, à y assister sans s'y opposer ou en l'approuvant : il y a plusieurs nuances exposées en détail dans l'article 46 (p. 240, l. 24-29 et p. 242, l. 1-12). Le crime de la langue se commet par l'incantation, par l'injure et par le faux témoignage (la glose, p. 162, l. 6, ajoute la trahison). Le crime de la lèvre est celui de la personne qui mange ce qu'une autre a volé (la glose ajoute, évidemment à tort, le faux jugement, qui doit être compris avec le faux témoignage parmi les crimes de la langue).

L'auteur de l'article 26 imitait probablement l'auteur plus ancien de l'article 45, dont il adoucissait la rigueur dans l'intérêt du débiteur ; mais, par distraction, il a passé sous silence le crime du pied, *cin coise* qui se commet soit en donnant un coup de pied, soit en faisant une course avec intention de nuire.

§ 11. Pour crime de ta seigneurie.

Il s'agit ici de tout tort qui est fait au chef par son vassal ou *cele* (p. 162, l. 9-10), c'est-à-dire par l'homme de condition inférieure qui a reçu du chef un cheptel et qui ne remplit pas les obligations du contrat.

§ 12. Pour le crime qui concerne rémunération de ta dignité.

§ 13. A l'exception de la négligence de fournir le repas ou les moissonneurs que doit le vassal : ici le délai est d'un jour, quoique l'omission dont il s'agit soit comprise dans l'énumération des circonstances où le délai est de trois.

Ces paragraphes sont un développement du § 11. La glose, p. 162, l. 11, cite dans les cas de rémunération de dignité l'amende pour l'omission du service militaire dû au chef, *in smacht etaim sloiga*, quoique le service militaire, *sloged*, donne lieu a saisie immédiate, suivant l'article 42, § 1, p. 230, l. 20.

ART. 27.

§ 14. La saisie est de trois jours : contre celui qui coupe ton bois (p. 162, l. 20). (*Littéralement* pour coupure de ton bois).

La glose distingue, comme nous l'avons déjà vu, deux espèces de bois : le bois qui est commun entre les vassaux du même chef, et le bois sacré. Dans un premier système, la saisie qui donne lieu à un délai de trois jours est celle qui a pour objet la restitution du bois commun, et c'est aussi le délai pour l'amende qui se paye en sus de la restitution quand il s'agit d'un bois sacré ; il faut comparer ce qui a été dit sur l'article 20, § 52, où il est question de bois à propos de la saisie d'un jour ; l'objet que se sont proposé les glossateurs a été de concilier ces deux passages évidemment contradictoires, ils n'y sont point arrivés car, suivant la glose du § 52, le délai n'est que d'un jour quand il s'agit de la restitution du bois sacré.

Dans un second système, probablement plus récent, on ne distingue pas entre le bois sacré et le bois commun, et on concilie le § 52 avec le § 14, en admettant que la restitution du bois dont on s'est emparé indûment (qu'il appartienne à une forêt sacrée ou commune) comporte un délai d'un jour, et que l'amende dans les deux cas comporte un délai de trois jours (p. 162, l. 28-29 ; p. 164, l. 1-4).

§ 15. Contre celui qui fait sur ton terrain acte de propriété (*littéralement* pour brisement de ta terre) (p. 162, l. 20).

Cet article et les suivants, jusqu'au § 19 y compris, sont relatifs à des troubles dans la possession.

§ 16. Pour détérioration causée par ton fossé (p. 162, l. 21).

Le glossateur prétend que la détérioration donne lieu à une saisie d'un jour, et c'est l'action contre le parent du délinquant qui élève à trois jours la durée du délai (p. 164, l. 6-7).

§ 17. **Pour détérioration causée par ton poteau** (p. 162, l. 21).

Le glossateur fait la même distinction que ci-dessus (p. 164, l. 8-9).

§ 18. **Pour ton labour** (p. 162, l. 21).

C'est-à-dire pour avoir labouré là où tu n'avais pas le droit de le faire. Comme on n'a rien pris à son adversaire, il n'a aucune restitution à réclamer; on lui doit seulement la réparation d'une insulte ; cette réparation s'appele *enechlann*. Le délai est de trois jours (p. 164, l. 9-10), droit moderne contraire au brocart qui dit que l'*enechlann* ne supporte pas de délai.

§ 19. **Pour ton vivier** (p. 162, l. 22).

C'est-à-dire pour avoir mis de l'eau là où tu n'en avais pas le droit (p. 164, l. 10-11).

§ 20. **Pour violation de ta défense** (p. 162, l. 22).

La glose (p. 164, l. 12) explique le mot *aurgaire*, « violation de ta défense, » par ceux-ci : « Violation de ton hospitalité. » Elle suppose que quelqu'un est venu chez toi s'emparer de la personne de ton hôte, qu'il lui a mis la main dans la poitrine (1) pour l'arrêter à cause de dettes : c'est une injure envers celui dont le domicile est ainsi violé, et la saisie, pour obtenir la réparation à laquelle il a droit, comporte un délai de trois jours.

§ 21. **Pour avoir chassé tes chevaux** (p. 162, l. 22).

Le glossateur suppose que, dans la course, les chevaux ont été blessés (p. 164, l. 13-15).

§ 22. **Pour s'être emparé de tes petits animaux** (p. 162, l. 22-23; gl., p. 166, l. 1-2).

§ 23. **Pour avoir cuit dans ton four.**

§ 24. **Pour avoir moulu dans ton moulin** (p. 162, l. 23).

_____

(1) On dirait en français : *la main au collet.*

§ 25. Pour avoir habité ta maison (p. 162, l. 24).

Dans le cas où on l'aura habitée à l'insu du propriétaire. Suivant la glose, le seul fait d'ouvrir (violemment, pensons-nous) une maison habitée donne lieu à une amende de cinq bêtes à cornes. Quand la maison est inhabitée, celui qui l'ouvre sans la permission du propriétaire doit une amende d'une bête à cornes. Si on se contente de prendre une poignée du chaume qui la couvre, on doit une génisse d'amende, et si on n'en ôte assez pour regarder dedans, il faudra donner au propriétaire une vache d'indemnité (p. 166, l. 9-11).

§ 26. Pour l'avoir dénudée (p. 162, l. 24).

C'est-à-dire pour en avoir ôté la toiture (p. 166, l. 7-8).

§ 27. Pour l'avoir brûlée (p. 162, l. 24; cf. p. 166, l. 8-9).

§ 28. Pour l'avoir ouverte (p. 162, l. 25; cf. p. 166, l. 9-11).

§ 29. Pour avoir volé ton esclave mâle (p. 162, l. 25; cf. p. 166, l. 11-12).

§ 30. Pour avoir volé ton esclave femelle (p. 162, l. 25).

§ 31. Pour commandement de payer signifié à ton fils (p. 162, l. 25-26).

§ 32. Pour commandement de payer signifié à ta fille (p. 162, l. 26).

Le *glossateur* (p. 166, l. 13, 15) n'a pas compris la raison pour laquelle on ne doit pas adresser de commandement au fils et à la fille : ce sont des personnes *alieni juris*, et le procès doit être entrepris contre le père ; l'insulte consiste à n'avoir pas tenu compte de l'autorité paternelle, à avoir agi comme si les enfants n'étaient pas dans la dépendance du père, et cette façon de procéder constitue une insulte à l'égard du père.

L'expression dont on s'est servi pour rendre le mot commandement est, dans le texte, *apad*, synonyme de *aurfoére*, écrit, dans la glose, *uroora*, avec une orthographe moderne. Le glossateur, ne comprenant pas le motif pour lequel un commandement donne lieu à une action en dommages-intérêts, suppose que l'action est exercée parce que le défendeur n'a pas donné à manger au fils ou parce qu'il a pratiqué contre le fils une saisie, nonobstant que signification lui avait été faite préalablement d'avoir à s'en abstenir.

§ 33. Pour tentative de viol contre ta femme (p. 162, l. 26).

§ 34. Pour viol de ta femme (p. 162, l. 26; p. 166, l. 15-17).

§ 35. Les actes appelés *gres* et *enech-ruice* sont des délits qui donnent lieu à saisie avec délai de trois jours.

Le § 35 contient la conclusion de l'article; les actes dont cet article contient l'énumération appartiennent à la catégorie des injures de second ordre : ces insultes s'appellent *gres* et *enech-ruice*. *Gres* veut dire proprement « attaque, » et *enech-ruice*, « honte de visage. » Ce dernier terme s'oppose à *enech-lann* (ou *lóg-enich*), « montant total du prix de l'honneur; » ce montant est, par exemple, de sept femmes pour un roi. *Enech-ruice* en est le septième : ce serait, pour un roi, une femme esclave; on l'apprend par le glossaire de Cormac, où on lit en termes formels que l'*enech-ruice* est le septième du *lóg-enich* (Whitley Stokes, *Three Irish Glossaries*, p. 19). On retrouve cette doctrine exposée clairement dans la glose du *Senchus Mór*, t. II, p. 204, 206 : La *cumal* ou femme esclave, due en conséquence de l'insulte appelée *enech-ris* ou *enech-ruice*, est le septième de ce qui est dû pour l'*enech-lann*, et l'auteur donne comme exemple le meurtre d'un vassal ou du fils de ce vassal. L'*enechruice* ou septième de l'*enech-lann* était due au chef, sans préjudice 1° de l'*enech-lann* complet; 2° du prix du corps, *coirpdire*, dûs à la famille du défunt. La glose du § 35 suppose que le montant de l'*enech-ruice* peut varier de la moitié de l'*enech-lann* au septième.

Le § 35 peut se traduire comme il suit : « Toute attaque, toute insulte de gravité inférieure est comprise parmi les délits qui donnent lieu à une saisie précédée d'un délai de trois jours (1). »

____

(1) L'importance de ce texte s'explique quand on songe que, dans le cas de l'in-

ART. 28.

§ 36. Saisie de trois jours : pour avoir fait usage de ton cheval, de ton bateau, de ta corbeille, de ta charrette, de ton chariot (p. 166, l. 21-22).

§ 37. Pour avoir usé de ton vase, de ta cuve, de ta chaudière, de ton chaudron (p. 166, l. 22-23).

La différence qui semble exister entre ces deux paragraphes est que, dans le premier, il est question d'un emprunt fait sans l'autorisation du propriétaire ; dans le second cas, il y a eu, par l'emprunteur, abus d'un prêt, *aîn*, volontairement consenti (p. 170, l. 3, 4).

§ 38. Pour indemnité due à cause de ta maison (p. 166, l. 23).

Suivant le glossateur, il s'agirait du vol d'un objet pris dans la maison, *treb*, du demandeur (p. 170, l. 6).

§ 39. Pour avoir dépouillé ton jardin (p. 166, l. 23-24; cf. p. 170, l. 7).

§ 40. Pour avoir volé ton cochon, ta brebis (p. 166, l. 24; cf. p. 170, l. 7-10).

§ 41. Pour avoir usé ta hâche, ta serpe (p. 166, l. 24-25; p. 170, l. 10-11).

§ 42. Pour avoir mangé ce que ton eau a rejeté sur le rivage (p. 166, l. 25).

Parce que, comme on le voit dans la glose (p. 170, l. 11-15), « ce qui est rejeté par la mer sur le rivage qui t'appartient. » Nous avons ici une conséquence du principe, en vertu duquel les naufragés deviennent la propriété des riverains sur le terrain desquels ils abordent (art. 28, § 9).

§ 43. Pour détérioration dans la colline où se tiennent les assemblées (p. 166, l. 25-26).

Le glossateur suppose que cette assemblée se tenait sur une colline, et que dans cette colline on a creusé un trou.

___

suite de premier ordre, qui donne lieu à l'indemnité dite « enech lann, » il n'y a pas de délai du tout avant la mise en fourrière.

Suivant lui, celui qui a commis ce délit peut être condamné à remplir le trou de blé ou de lait (p. 170, l. 15-16).

§ 44. Pour avoir creusé ta mine d'argent (p. 166, l. 26).

Suivant le glossateur, il ne faudrait pas distinguer entre la mine d'argent et celle de cuivre ou de fer ; l'amende est de cinq bêtes à cornes (p. 170, l. 16-18) ; mais il se trompe ; le délai est de cinq jours pour les mines de fer et de cuivre (art. 32, §§ 17, 18, p. 184, l. 12, 13).

§ 45. Pour pillage de ton rucher (p. 166, l. 26-27).

C'est-à-dire pour vol des paniers qui contiennent les mouches, le coupable doit le double de la valeur du panier, ou le prix de l'honneur (p. 170, l. 18-20).

§ 46. Pour avoir attisé ton feu (p. 166, l. 27).

Suivant le glossateur (p. 170, l. 20-23), ce texte comprend le délit qui consiste à allumer une torche dont on n'est pas propriétaire. L'expression dont il s'est servi est *adann*, qui veut dire littéralement « une chandelle dont la mèche est de jonc, » comme on peut le voir dans le glossaire de Cormac (p. 4 du texte et p. 10 de la traduction).

§ 47. Pour la récolte de ton marais sur la mer (p. 166, l. 27 ; cf. p. 170, l. 23-26).

§ 48. Pour indemnité qui t'est due pour ta meule de blé, pour ton gazon, pour ton blé mûr, ta fougère, ton genêt, tes joncs, si on t'en prend sans ta permission (p. 166, l. 28-29 ; cf. p. 170, l. 26-28 ; p. 172, l. 4-6, 13-19).

Il semble évident qu'il y a contradiction entre ce paragraphe et le § 51 de l'article 20 (p. 124, l. 6 ; p. 134, l. 13-15). En effet, le § 51 parle de blé mur comme celui-ci, et le met parmi les objets qui donnent lieu à des saisies d'un jour, tandis qu'ici nous nous occupons des saisies de trois jours. La conciliation entre ces deux dispositions se produit, suivant le glossateur, quand on admet que, dans l'article 20, il s'agit de la restitution du principal, et dans l'article 28, des dommages-intérêts.

§ 49. Pour violation de ta loi (p. 166, l. 29-30; cf. p. 172, l. 19-22).

C'est la violation de la loi que se sont faites les parties, c'est-à-dire d'un engagement. Il semble, d'après la glose, que cet engagement a été pris par serment, *luige*. C'est probablement la raison pour laquelle, suivant la glose, la violation donne lieu à l'*enech-lann*, doctrine inadmissible du reste, quoi qu'en dise le glossateur, puisque, dans ce cas, la saisie se ferait sans délai.

§ 50. Pour violation de ton traité de paix, *cairde* (p. 166, l. 30; cf. p. 172, l. 22-29).

Cairde est une convention faite en général entre deux tribus; elle a le caractère d'un acte public, tandis que, plus haut, il s'agit d'un acte privé. Le glossateur parle encore ici d'*enech-lann*.

§ 51. Pour maintien de ton droit de citoyen, *urradas* (p. 166, l. 30; cf. p. 172, l. 23-26).

§ 52-53. Pour contrat d'éducation bien exécuté, mal exécuté (p. 168, l. 1; cf. p. 172, l. 26-24).

L'usage, dans la noblesse irlandaise, est que les parents mettent les enfants en pension chez un tiers qui les élève. De là, une relation de droit spéciale à la législation irlandaise : c'est le rapport qui existe entre l'entrepreneur d'éducation et l'élève. Le premier s'appelle *aite* et l'élève *dalte*. L'*aite* a droit à une rémunération, et il exerce sur l'élève l'autorité paternelle. Il doit les soins d'un père à son élève.

Le traité de l'éducation et de ses effets est l'objet d'une des divisions du *Senchus Mór* (t. II, p. 146-193). Ce traité est intitulé *Cain iarraith* (littéralement : « loi de payement postérieur, ») *Iarrath* paraît avoir le sens général de rémunération, mais c'est le terme consacré quand il s'agit du contrat d'éducation. L'acte de l'éducation s'appelle *altrum* (t. II, p. 150, 162, 168, 172, 176, 178, 184, 186).

Le texte de l'article 28 prévoit deux hypothèses : l'une au § 52, c'est que celui qui a entrepris l'éducation s'est acquitté de ses obligations, alors il y a *soaltar*; l'autre au § 53 ; c'est

qu'il n'a pas rempli ses obligations, alors il y a *mialtar*. Dans
le premier cas, une fois l'éducation finie, il a droit à une
somme égale à celle qu'il a reçue au moment où a commencé
l'exécution du contrat, dans le cas contraire, il doit restituer
le double de ce qu'il a reçu (p. 172, l. 28-29). Le traité dont
nous avons parlé explique que le prix de l'éducation dépend
de la dignité du père de l'enfant; il varie de trois bêtes à
cornes à trente bêtes à cornes. Trois est le prix fixé lorsque
le père appartient aux rangs inférieurs de la noblesse (t. II,
p. 150); trente est le prix fixé lorsque le père est roi. Les
frais qui doivent être faits pour chaque enfant sont propor-
tionnels au prix que reçoit celui qui a entrepris l'éducation
(t. II, p. 162).

§ 54. Pour prix d'éducation, *iarrad*, dont la restitution
est due par celui qui n'a pas exécuté le contrat (p. 168,
l. 1; cf. p. 172, l. 29-34).

§ 55. Pour langes de berceau (p. 168, l. 1-2; cf. p. 172,
l. 34; p. 174, l. 1).

C'est probablement la saisie exercée contre celui qui s'est
chargé de l'éducation d'un enfant, quand on veut le contraindre à garnir le berceau de langes conformes à la position des
parents. Le traité de l'éducation dit que celui qui a entrepris
l'éducation du fils d'un roi doit dépenser pour le vêtir une
valeur de sept bêtes à cornes (t. II, p. 158); cette somme représente le prix des vêtements depuis la naissance jusqu'à
dix-sept ans, époque à laquelle le contrat prend fin. Jusqu'à
cet âge, l'enfant est sous l'autorité de celui qui l'élève et il
est incapable de faire valablement aucun contrat, quand même
son père serait mort (t. II, p. 288).

§ 56. Pour saisie à l'effet de payement de dettes qui
résultent de la vassalité servile quand elle est collective
(p. 168, l. 2; cf. p. 174, l. 1-3).

Cette vassalité a pour principe un cheptel.

§ 57. Pour saisie à l'effet du payement de dettes qui
résultent du contrat d'éducation, quand plusieurs per-

sonnes l'ont entrepris collectivement (p. 168, l. 2-3; cf. p. 174, l. 3-4).

§ 58. Pour saisie à l'effet de payement de dettes qui résultent de la dissolution de toute société légalement constituée (p. 168, l. 3; cf. p. 174, l. 4-6).

On trouve l'énumération de ces sociétés au t. II, p. 344. Elles sont au nombre de huit, elles sont constituées : 1° entre le chef et ses vassaux-serfs; 2° entre l'Eglise et ses moines; 3° entre le père et sa fille; 4° entre la fille et son frère, après la mort du père; 5° entre le fils et sa mère; 6° entre le nourrisson et la mère nourricière; 7° entre le maître et l'élève, qui demeure chez le maître; 8° entre le mari et sa femme.

§ 59. Pour avoir lié des chevaux d'une façon abusive, pour l'avoir fait d'une façon qui peut les blesser (p. 168, l. 3-4; cf. p. 174, l. 6-10).

§ 60. Pour une barrière devant des vaches au pré (p. 168, l. 4-5; cf. p. 174, l. 10-12).

§ 61. Pour une barrière devant des veaux, pour les empêcher de s'approcher des vaches (p. 168, l. 5; cf. p. 174, l. 12-13).

§ 62. Mais la restitution du lait que les vaches ont perdu, faute d'être tétées, donne lieu à une saisie qui qui comporte un délai d'un jour (p. 168, l. 5-6; cf. p. 174, l. 13-14).

Comparez article 20, § 5, p. 122, l. 10.

TOULOUSE. — IMP. A. CHAUVIN ET FILS, RUE DES SALENQUES, 28.

RÉSUMÉ

D'UN

COURS DE DROIT IRLANDAIS

LA SAISIE MOBILIÈRE DANS LE SENCHUS MOR

(SUITE)

PAR

H. D'ARBOIS DE JUBAINVILLE

MEMBRE DE L'INSTITUT
PROFESSEUR AU COLLÈGE DE FRANCE

PARIS

ERNEST THORIN, ÉDITEUR

Libraire du Collège de France, de l'École normale supérieure,
des Écoles françaises d'Athènes et de Rome
de la Société des Études historiques

7, RUE DE MÉDICIS, 7

1892

RÉSUMÉ

D'UN

COURS DE DROIT IRLANDAIS

LA SAISIE MOBILIÈRE DANS LE SENCHUS MOR

(SUITE)

PAR

H. D'ARBOIS DE JUBAINVILLE

MEMBRE DE L'INSTITUT
PROFESSEUR AU COLLÈGE DE FRANCE

PARIS

ERNEST THORIN, ÉDITEUR

Libraire du Collège de France, de l'École normale supérieure,
des Écoles françaises d'Athènes et de Rome
de la Société des Études historiques

7, RUE DE MÉDICIS, 7

1892

Extrait de la *Revue générale du droit*.

TOULOUSE. — IMPRIMERIE A. CHAUVIN ET FILS, RUE DES SALENQUES, 28.

LA SAISIE MOBILIÈRE DANS LE SENCHUS MOR

Ancient Laws of Ireland, tome I.

SAISIE AVEC DÉLAI. — (*Suite*) (1)

CHAPITRE VI.

SAISIE AVEC DÉLAI DE TROIS JOURS (*Suite*).

ART. 29.

Saisie de trois jours :

§ 63. Pour avoir dépouillé ton mort (*Ancient Laws*, t. I, p. 174, l. 28 ; cf. p. 176, l. 6-9).

C'est-à-dire le cadavre de l'ennemi que tu as tué, ou de ton parent mort de maladie. Cf. plus bas, §§ 71, 72.

§ 64. Pour rixe [en assemblée] de colline (p. 174, l. 28-29 ; cf. p. 176, l. 9-12).

Le même cas est prévu par l'article 42, § 16 (p. 230, l. 24) qui permet la saisie immédiate. Voyez la glose de cet article (p. 232, l. 30), comparez-la avec la glose du présent paragraphe (p. 176, l. 9 et 12). Dans les deux gloses, un mot unique, *debaid*, rend le *cosat* « rixe » de l'article 29 et le *meschuid* de l'article 42.

§ 65. Pour cessation de services au camp (p. 174, l. 29 ; cf. p. 176, l. 13-14).

(1) Cours professé au Collège de France pendant le second semestre de l'année scolaire 1891-1892. Ce cours a été recueilli par M. P. Collinet, licencié en droit, et revu par le professeur.

La glose dit qu'il s'agit d'une rixe et qu'il y a eu meurtre (p. 176, l. 13-14); de là cessation de service.

§ 66. Pour calomnie (p. 174, l. 29).

Suivant la glose (p. 176, l. 14-15), il s'agit d'un sobriquet ou d'une malédiction magique. Dans le premier cas, il y aurait contradiction avec le présent traité qui met les sobriquets dans la liste des cas de saisie, avec délai de cinq jours (art. 32, § 30; p. 184, l. 17-18); dans le second cas, il y aurait double emploi avec le paragraphe suivant, et contradiction avec le traité de la saisie immédiate qui range la malédiction magique, *aer*, dans la liste des actes provoquant saisie immédiate avec trois jours de fourrière (art. 42, § 13; p. 230, l. 23).

§ 67. Pour malédiction magique (p. 174, l. 29; cf. p. 176, l. 15-16).

Nous venons de dire que la malédiction magique est comprise parmi les causes de contestation qui donnent lieu à saisie immédiate avec trois jours de fourrière. Cf. art. 32, § 6, 8, 29.

§ 68. Pour insulte à l'honneur (p. 174, l. 29-30).

Des exemples d'insulte à l'honneur, c'est-à-dire en irlandais, de *on*, sont donnés : 1° à l'article 32, § 30 (p. 184, l. 17-18) : il s'agit d'un sobriquet, et la saisie se pratique avec délai de cinq jours; 2° à l'article 42, § 24 (p. 232, l. 3); il s'agit de blessures au fils, à l'esclave, à la femme du plaignant; alors il y a lieu à saisie immédiate avec cinq jours de fourrière.

§ 69. Pour blessures cachées (p. 174, l. 30).

La glose dit : « sous le vêtement » (p. 176, l. 17).

§ 70. Pour mutilation (p. 174, l. 30).

Glose : « dans les membres » (p. 176, l. 18).

§ 71. Pour le vêtement de l'adversaire tué en combat singulier (p. 174, l. 30; cf. ci-dessus, § 63).

Il y a eu, dit la glose (p. 176, l. 20-21) « meurtre sans bataille, » un meurtre sans que d'autres meurtres aient précédé.

Le droit du vainqueur sur les vêtements et sur les armes du vaincu est traité avec développement dans le livre d'Aicill, *Lebar Aicle* (*Ancient Laws of Ireland*, t. III, p. 278, 280, 302).

§ 72. Pour avoir dépouillé [les guerriers tués] dans un combat de plusieurs (p. 174, l. 31; cf. p. 176, l. 22-24).

« Pour avoir dépouillé, » sous-entendu : au détriment du vainqueur (cf. ci-dessus, § 63).

§ 73. Pour mise en circulation des bruits infamants et mal fondés (p. 174, l. 31).

La glose donne comme exemple une accusation de meurtre, soit prémédité, soit non prémédité, soit caché (p. 176, l. 25-26). A comparer, plus bas, l'art. 34, § 9, où il est question de celui qui a inventé le bruit calomnieux.

§ 74. Pour avoir épouvanté quiconque est timide (p. 174, l. 31-32; cf. p. 178, l. 1-7).

§ 75. Pour avoir fait tomber ton fils sur le dos dans la maison (p. 174, l. 32; cf. p. 178, l. 8 et suiv.).

§ 76. Pour le morceau manifestement [désiré] (p. 174, l. 32; p. 176, l. 1).

La glose (p. 180, l. 5-6) dit : « C'est-à-dire désir de femme grosse, c'est-à-dire sans lui donner ce qu'elle désire, c'est-à-dire c'est son mari qui ne le lui donne pas. » Ce passage n'est pas le seul qui atteste l'intérêt porté aux femmes grosses par la législation irlandaise; suivant la glose de l'article 20, § 99 (p. 144, l. 10), la raison pour laquelle le délai de la saisie peut n'être que d'un jour, lorsqu'il s'agit d'un chien de dame, est que cette dame serait une femme grosse.

§ 77. Pour viol de femme en couches (p. 176, l. 1; p. 180, l. 8-17).

§ 78. Pour cohabitation, malgré défense, avec une femme qui en meurt (p. 176, l. 1-2).

La glose explique (p. 180, l. 17 et suiv.) que la résistance peut venir soit de la femme, soit de ses père et mère, *tuistin*, soit du reste de sa famille, *fine*. Si la femme n'en meurt pas, l'auteur du viol ne doit que le prix de l'honneur; si elle en meurt, outre le prix de l'honneur, *eneeh-lann*, il doit le prix du corps, *coirp-dire*.

§ 79. Pour viol de folle (p. 176, l. 2).

Suivant la glose (p. 180, l. 21-23), il faut distinguer si la folle n'a pas de famille, ou si elle en a une. Dans le premier cas, la folle appartient au roi, et le roi a droit au prix complet de l'honneur de la folle; mais si la folle a des parents, ceux-ci n'ont droit qu'au tiers du prix de l'honneur.

§ 80. Pour enlèvement consenti par une femme qui cesse de faire [dans l'intérêt de sa famille] son travail ordinaire (p. 176, l. 2-3).

Il s'agit, dit la glose (p. 180, l. 23), de la femme qui s'est fait enlever, *in ben fuataig*. On trouve la même expression dans la glose du livre qui traite spécialement des questions matrimoniales (*Ancient Laws*, t. II, p. 402, l. 5). L'effet du consentement de la femme serait, semble-t-il, que ses parents n'auraient pas droit au prix de l'honneur; les parents auraient seulement droit à être indemnisés de la perte que leur fait subir la privation de son travail. La glose prévoit l'hypothèse où la femme est immédiatement revenue dans sa famille : l'indemnité que doit l'auteur de l'enlèvement est due par lui seulement pour le travail que la grossesse empêche (p. 180, l. 24-25). Le même sujet est traité avec plus de développements et d'une façon plus logique, dans le *Lebar Aicle* (*Ancient Laws*, t. III, p. 540-548) : quand la femme est enlevée malgré elle, le ravisseur doit deux fois le prix de l'honneur, une fois à la femme, une fois à ses parents, — plus le prix du corps si elle en meurt; — mais si la femme a été enlevée de son bon gré, le ravisseur ne doit qu'une fois le prix de l'honneur, et c'est aux parents qu'il le doit.

§ 81. Pour expulsion de lit (p. 176, l. 3).

Le défendeur a mis dans le lit des époux un objet magique, — par exemple, un os enchanté (cf. plus bas, art. 34, § 26, 27) — qui produit des querelles entre le mari et la femme, en sorte que la femme ne couche plus avec son mari. Le mari a droit au prix de l'honneur, nous dit la glose (p. 180, l. 25-26).

§ 82. Pour avoir ôté [au mari] la faculté d'engendrer (p. 176, l. 3).

Soit, dit la glose, en l'empêchant d'aller coucher avec sa femme, soit en le rendant impuissant (p. 180, l. 27-28).

§ 83. Pour avoir posé des objets qu'un enchantement a rendus nuisibles (p. 176, l. 3; p. 182, l. 28-30).

§ 84. Pour avoir donné à manger à un chien un mauvais morceau (p. 176, l. 4).

Il s'agit, dit la glose, soit de poison, soit d'aliments enchantés dont on veut éprouver l'efficacité (p. 180, l. 30 et suiv.).

§ 85. Pour avoir ôté le morceau du héros à l'homme auquel il appartient (p. 176, l. 4-5).

La glose (p. 180, l. 33-35) cite comme exemple le morceau du héros, *curad mir*, qui devait revenir à *Cuchulainn*, et qui lui fut refusé dans le « Festin de *Bricriu*. »

ART. 30.

Dans les procès concernant : 1° les bois, 2° la famille, 3° l'eau, 4° la mer, comme je l'ai détaillé ; la saisie pratiquée pour obtenir restitution comporte un délai d'un jour, la saisie pratiquée pour exiger l'amende comporte un délai de trois jours, sauf les cas où le saisissant doit un délai de cinq jours, en vertu des exceptions établies par le droit irlandais (p. 182, l. 1-4).

1° Les procès concernant les bois sont mentionnés parmi les saisies avec délai d'un jour (art. 20, § 52, p. 124, l. 7 ; et glose, p. 134, l. 20-24). Suivant cette glose, le délai d'un jour pour la restitution, *aithgin*, et de trois jours pour l'amende, *dire*, s'applique au bois sacré, *fid desd*, situé dans la forteresse. Le délai est plus long, — trois et cinq jours, — pour la forêt voisine, *fid comaithcesa* ; — cinq et dix jours, — pour la forêt éloignée, *in diraind*. Comparez, plus bas, art. 32, § 12 ; art. 35, § 30.

2° Les procès concernant la famille sont, suivant la glose, ceux qui ont rapport *a*) aux droits sur un fort, *b*), aux droits sur une maison (p. 182, l. 6).

a) Le procès relatif au droit sur un fort donne, en effet, lieu à un délai d'un jour, suivant l'article 20, § 30 (p. 122, l. 18-19), et suivant la glose (p. 130, l. 29); ce procès concerne la part du demandeur dans le fort commun de la famille.

b) Le procès qui concerne le droit sur une maison est celui qui a lieu entre cohéritiers, et la saisie se pratique avec délai d'un jour (art. 20, § 31; p. 122, l. 19). Il s'agit, dit la glose, de partager la maison commune (p. 130, l. 29-32).

3° Les procès concernant l'eau sont de deux espèces, dit la glose : les uns sont relatifs *a*) aux droits sur un lac, *linn* (et non *lín*, qui veut dire « filet »), *b*) aux droits sur une rivière.

a) Le lac appartient en commun à une famille; le moment de la pêche est venu; un frère a laissé à l'autre sa part de ce lac, c'est-à-dire d'eau et de poisson (p. 129, l. 26; p. 130, l. 1-2).

b) Il s'agit, suivant la glose, du droit de pêche sur la rivière, ou du droit de détourner l'eau pour établir un vivier (p. 130, l. 3-5); mais la seconde hypothèse est en contradiction avec l'article 35, § 28 (p. 202, l. 1), suivant lequel celui qui barre un cours d'eau a droit à un délai de dix jours.

4° Les procès concernant la mer sont, suivant la glose, ceux qui concernent la nourriture d'une troupe d'hommes venus par mer, c'est-à-dire de naufragés (p. 182, l. 7-8); toutefois, l'article 28, § 42 (p. 166, l. 25) nous apprend que la saisie pratiquée à l'occasion de ce dernier procès comporte un délai de trois jours. La saisie comporte un délai d'un jour, quand son but est de se débarrasser d'une troupe d'hommes venus par mer (art. 20, § 20; p. 122, l. 15).

CHAPITRE VII.

SAISIE AVEC DÉLAI DE CINQ JOURS.

ART. 31.

Le crime de ton descendant au quatrième degré, le

crime de ton descendant au troisième degré, celui de tous tes parents jusques et y compris les dix-sept personnes [qui composent la famille] doivent être éclaircis dans un délai de cinq jours, en sorte que chacun obtienne [l'objet de] sa réclamation et que chacun se fasse donner son indemnité (p. 182, l. 22-24).

Dans les procès faits contre toi, « à cause du crime de ton fils, de ta fille, de ton petit-fils, de ta femme, » la saisie comporte un délai de trois jours (art. 26, § 9; p. 156, l. 31), qui est porté à cinq jours quand il s'agit de parents plus éloignés : tel est le sens de l'article 31. Cet article contredit l'article 47, § 4 (p. 246, l. 20-21), suivant lequel, dans l'espèce prévue par l'article 31, la saisie est immédiate avec dix jours de fourrière. Pour faire disparaître cette contradiction, le copiste qui a écrit le manuscrit harléien 432 du Musée Britannique a supprimé le § 4 de l'article 47.

<h2 style="text-align:center">ART. 32.</h2>

Saisie de cinq jours :
§ 1. Pour prendre possession après la mort (p. 184, l. 5).

Il s'agit de cheptel; la mort dont il est question est celle de la vache donnée en cheptel. Ce dont on prend possession, c'est le cadavre de la vache, principalement la peau. Celui qui prend possession, est le bailleur du cheptel (p. 184, l. 20-23). La saisie exécutée par le bailleur du cheptel, pour contraindre le preneur à l'exécution de son contrat, comporte, en règle générale, un délai de trois jours (art. 26, §§ 11-12; p. 156, l. 32; p. 162, l. 7 et suiv.), augmenté de deux jours ici.

§ 2. Pour dernière dépouille (p. 184, l. 5).

Il s'agit toujours de cheptel. Suivant une glose publiée par O'Donovan, dans son supplément à O'Reilly, au mot *tluglomrad*, le preneur est mort; la question est de savoir ce qui se passe en cas de cheptel servile, quand le preneur meurt au bout de sept ans; pendant deux mois, les héritiers du preneur sont tenus aux mêmes obligations que le preneur lui-même (t. II, p. 268, l. 13-17), et ces obligations sont ce qu'on appelle « dernière dépouille. »

Suivant la glose imprimée ici (p. 186, l. 4-8), c'est le bailleur de cheptel qui est mort. Alors deux systèmes sont en présence. En voici un : Quand le bailleur du cheptel meurt avant l'expiration des trois premières années sur sept (pour lesquelles le bail à cheptel se fait), et quand, en outre, le preneur a fourni deux fois la rente en nature qu'il doit au bailleur, il ne doit plus que le tiers du cheptel qu'il a reçu. C'est ce que l'héritier du bailleur a droit de réclamer, suivant le *Traité du cheptel servile* (*Ancient Laws*, t. II, p. 268, l. 17-19). Voici l'autre système : La dernière dépouille est le second terme de la rente annuelle due par le preneur; l'héritier du bailleur a le droit d'exiger ce terme, quand le bailleur est mort avant l'échéance, et ce terme est la « dernière dépouille » (t. I, p. 186, l. 5-7).

La mort du preneur ou du bailleur allonge de deux jours le délai de trois jours prévu par l'article 26, § 12 (p. 156, l. 33; p. 162, l. 11-13).

§ 3. Pour n'avoir pas érigé la tombe de ton chef (p. 184, l. 6; p. 186, l. 18-20).

La mort du chef allonge de deux jours le délai de trois jours fixé par l'art. 26, § 11 (p. 156, l. 32; p. 162, l. 7-11), pour toute saisie pratiquée contre le vassal en cas d'inexécution de service féodal.

§ 4. Pour engager un procès contre des morts (p. 184, l. 6).

On suppose qu'il y a plusieurs défendeurs, dont deux au moins sont morts (p. 186, l. 21-22).

§ 5. Pour pratiquer saisie contre les héritiers d'un homme qui vient de mourir (p. 184, l. 7).

A comparer l'article 44, § 1, où, dans ce cas, l'enlèvement est immédiat avec cinq jours de fourrière (p. 236, l. 23-24).

Suivant la glose du présent paragraphe, il s'agit de cheptel, comme aux §§ 1 et 2. Le mort est le bailleur ou le preneur. Si c'est le bailleur, il reste à fournir une partie du cheptel, et le preneur la réclame. Si c'est le preneur, celui-ci n'a pas payé la totalité de la rente; ses héritiers doivent le reste, et le bailleur réclame ce reste (p. 188, l. 1-5). Le plus vraisemblable est que le § 5 a un sens plus général que les §§ 1 et 2, et qu'il s'applique à toute espèce de procès.

§ 6. A cause d'une malédiction magique lancée contre un mort (p. 184, l. 7-8; p. 188, l. 5-9).

A comparer l'article 44, § 2 (p. 236, l. 24), où l'enlèvement est immédiat et suivi de cinq jours de fourrière.

La malédiction magique contre un vivant peut être vengée par une saisie que le vivant pratique contre le sorcier; alors le délai est de trois jours seulement (art. 29, § 67; p. 174, l. 29; p. 176, l. 15-16). Lorsque c'est contre un mort qu'a été dirigée cette incantation et que la saisie est pratiquée par ses héritiers, le délai est prolongé de deux jours.

§ 7. Pour s'être vanté à tort d'avoir joui d'une femme qui était morte à la date de cette calomnie (p. 184, l. 8; p. 188, l. 9-12).

En règle générale, la mise en circulation de bruits injurieux et mal fondés donne lieu à une saisie qui comporte un délai de trois jours (art. 29, § 73; p. 174, l. 31; p. 176, l. 25-26). La mort de la femme calomniée élève à cinq jours la durée du délai.

§ 8. A cause de malédiction magique contre une femme qui est morte (p. 184, l. 8-9; p. 188, l. 12-13).

Il y a ici délai de cinq jours. Si la femme était vivante à la date de l'incantation, le délai serait de trois jours seulement (art. 29, § 67; p. 174, l. 29; p. 176, l. 15-16).

§ 9. Pour [exiger] récit du vol [d'un corps] d'homme (p. 184, l. 9).

A comparer l'article 44, § 3 (p. 236, l. 24-25), où l'enlèvement est immédiat et suivi de cinq jours de fourrière.

Il s'agit ici d'un homme qu'on a tué et dont on a caché le corps, afin de cacher le meurtre et d'éviter de payer la composition. En ce cas, le montant de la composition est doublé, tant le prix du corps que le prix de l'honneur. Voir *Lebar Aicle*

(*Ancient Laws*, t. III, p. 93 et suiv.). Dans le même cas, la loi salique triple le montant de la composition (texte I, chap. XLI, §§ 1 et 2; éd. Hessels, col. 244, 253).

Le délai de la saisie est ici fixé à cinq jours par la loi irlandaise. En cas de meurtre ostensible, de ce que la loi irlandaise appelle « crime de la main » (art. 26, § 10; p. 156, l. 31; p. 162, l. 2-4), le délai est de trois jours seulement; ce délai est celui de la saisie pratiquée contre le meurtrier par le parent du mort qui veut se faire payer la composition. Quand le meurtre est caché, le but de la saisie est de faire parler, soit le meurtrier présumé, soit un témoin, et l'on met l'un ou l'autre en demeure de dire ce qu'il sait ou de jurer qu'il ne sait rien (p. 188, l. 13).

§ 10. Pour [exiger] la composition [dûe pour meurtre caché] quand on connaît le meurtrier (p. 184, l. 9; p. 188, l. 15-17).

A comparer l'article 44, § 4 (p. 236, l. 25), où l'enlèvement est immédiat et suivi de cinq jours de fourrière.

§ 11. Pour avoir enlevé la couverture d'une bête malade (p. 184, l. 9; p. 188, l. 17-21).

A comparer l'article 44, § 5 (p. 236, l. 25), où l'enlèvement est immédiat et suivi de cinq jours de fourrière.

§ 12. Pour avoir fait sécher un arbre quelconque (p. 184, l. 9).

Suivant la glose (p. 188, l. 21), il s'agirait d'un arbre situé dans le voisinage. C'est une erreur. Quand on pratique la saisie contre celui qui a coupé, ou détruit d'une façon quelconque un arbre situé dans le bois sacré du fort, il y a délai d'un jour (art. 20, § 52; p. 124, l. 7; p. 134, l. 20 et suiv.). Quand le défendeur a coupé et enlevé l'arbre d'un particulier, le délai de la saisie est de trois jours (art. 27, § 14; p. 162, l. 20); cet arbre d'un particulier est situé, non dans le fort, mais près de là, dans le voisinage des habitations (p. 134, l. 22; p. 162, l. 28). L'arbre quelconque, pour lequel le délai est de cinq jours, est situé au loin, par exemple, sur la montagne. Voyez plus haut

l'art. 30, 1°; comparez aussi plus bas, art. 35, § 23, où le délai
de la saisie est de dix jours.

§ 13. Pour avoir fait une meule de moulin (p. 184,
l. 10-11; p. 188, l. 22-23).

Dans la carrière d'autrui.

§ 14. Pour mandat de signification (p. 184, l. 11).

Suivant la glose (p. 188, l. 24), il s'agirait de quelqu'un qui
serait poursuivi comme responsable du vol commis par son parent.

§ 15. Pour responsabilité d'avoir mal gardé (p. 184,
l. 11; p. 188, l. 26 et suiv.).
§ 16. Pour avoir enlevé aux gardiens l'objet [placé
sous leur garde] (p. 184, l. 12; p. 188, l. 31-32).
§ 17. Pour avoir percé le rocher : à l'effet d'en tirer
du minerai de fer (p. 184, l. 12; p. 188, l. 33).

Dans le terrain d'autrui.

§ 18. A l'effet d'en tirer du minerai de cuivre (p. 184,
l. 12-13; p. 188, l. 34).

Le délai est réduit à trois jours, quand il s'agit d'une mine
d'argent (art. 28, § 44; p. 166, l. 26; p. 170, l. 16-18).

§ 19. Saisie afin de revendiquer des bestiaux qui ne
donnent pas encore de lait (p. 184, l. 13).

C'est-à-dire des génisses de trois ans et au-dessous (p. 190,
l. 2-4). Quand il s'agit d'une vache laitière, le délai est d'un
jour (art. 20, § 5; p. 122, l. 10).

§ 20. Afin de revendiquer des chevaux (p. 184, l. 13);
§ 21. Des bœufs, quand les uns et les autres sont im-
propres au travail (p. 184, l. 13-14).

C'est-à-dire quand ils sont trop jeunes (p. 190, l. 4-5). Le
délai, ici de cinq jours, est réduit à un jour quand le cheval
est propre à la course, quand le bœuf peut être attelé à la

charrue, et que le jour de la course, le temps de labourer sont arrivés (art. 20, §§ 3-4; p. 122, l. 9-10; p. 126, l. 17-18).

§ 22. Afin de revendiquer les petits de bestiaux quelconques tant que ces petits ne rapportent rien (p. 184, l. 14).

Ce paragraphe fait, en partie, double emploi avec le § 19.

§ 23. Afin de revendiquer les animaux qui fouillent (p. 184, l. 14-15).

Suivant la glose (p. 190, l. 15-17), il s'agit de petits cochons mâles qui suivent chacun, de coqs ou autres volailles qui s'attachent au pas des gens. On voit que les Irlandais étaient, avec les animaux de leurs basses-cours, dans une familiarité touchante. Du reste, on sait qu'au moyen âge, les Parisiens ont eu presque la même simplicité de mœurs.

§ 24. Afin de revendiquer toute espèce de quadrupèdes (p. 184, l. 15).

Taureaux ou cochons mâles, dit la glose (p. 190, l. 17-18).

§ 25. Pour [le crime commis par] le messager de la cité (p. 184, l. 15).

La saisie pratiquée à cause du « crime de ton messager » (art 26, § 9; p. 156, l. 30; p. 160, l. 27-28) comporte un délai de trois jours; alors il s'agit d'un garçon de course qui est à tes gages et demeure chez toi (p. 160, l. 27). Le délai est porté de trois jours à cinq, quand le messager n'est pas attaché à une personne; en ce cas, la saisie est faite contre celui qui le loge, c'est-à-dire, pour se servir de l'expression irlandaise, « contre son lit, » *di a lepud* (p. 190, l. 21). On trouve la même expression dans le *Traité de la responsabilité pour crimes* (*Ancient Laws*, t. IV, p. 240, l. 11); quand la famille échappe à cette responsabilité par la fuite, la responsabilité tombe sur celui qui a donné un cheptel au coupable; à son défaut, elle atteint le lit, le manteau et la nourriture du coupable, c'est-à-dire la personne qui le loge, l'habille et lui donne à manger; et quand cette personne charitable n'existe pas, c'est le roi qui est responsable.

§ 26. Pour le crime commis par le fils d'un étranger (p. 184, l. 16).

Il s'agit de l'étranger qu'on loge chez soi, qu'on a pour domestique. On est responsable du crime de cet étranger et de son fils. Pour la saisie pratiquée à cause du crime de cet étranger, le délai est de trois jours (a. 26, § 9; p. 156, l. 30). Pour la saisie pratiquée à cause du crime de son fils, le délai dure cinq jours.

§ 27. Pour se débarrasser de fils de prostituée (p. 184, l. 16).

On s'est chargé de l'éducation d'un enfant, et on ne reçoit pas l'indemnité convenue. On a le droit d'exiger que l'enfant soit repris par la personne qui en a légalement la charge. Pour faire valoir ce droit, on peut pratiquer la saisie. Le délai que la saisie comporte est, suivant les cas, d'un, de trois ou de cinq jours. 1° Si la femme est folle, sourde ou lépreuse, le délai est d'un jour (art. 20, § 80; p. 124, l. 20-21; p. 140, l. 31 et suiv.). 2° Si le mariage dont l'enfant est issu est régulier, le délai est de trois jours (art. 28, §§ 53-54; p. 168, l. 1). 3° Si la femme est prostituée, le délai est de cinq jours (p. 190, l. 27-82). La prostituée est la femme enlevée avec son consentement, mais sans celui de ses parents (*Ancient Laws*, t. II, p. 400, l. 27; p. 402, l. 5-6).

Suivant l'article 44, § 6 (p. 236, l. 26), la saisie qui a pour objet de se débarrasser du fils de prostituée est immédiate avec cinq jours de fourrière.

§ 28. Pour faire payer le salaire auquel le poëte a droit hors du territoire de la cité (p. 184, l. 16-17).

Le poëte pratiquant une saisie hors du territoire de la cité doit laisser, pendant cinq jours, l'objet saisi entre les mains du débiteur. Probablement, le délai ne serait que de trois jours, si la saisie était pratiquée sur le territoire de la cité qu'habite le poëte; on peut le conclure par analogie de l'article 26, §§ 11-12 (p. 156, l. 32). Si la saisie était pratiquée hors du territoire de la cité par un autre que le poëte, le délai serait de dix jours (art. 33, § 2; p. 192, l. 11, l. 25-26).

Suivant l'article 44, § 7 (p. 236, l. 26), le droit du poète hors du territoire de la cité donne lieu à saisie immédiate avec cinq jours de fourrière.

§ 29. Pour [obtenir réparation du dommage causé par] une malédiction magique exceptionnellement puissante (p. 184, l. 17; p. 190, l. 35-36).

Le délai est de cinq jours, quoique la personne contre laquelle la malédiction a été lancée soit vivante, et comme si la malédiction avait été lancée contre un mort (Voir plus haut, §§ 6 et 8). En règle générale, la saisie pratiquée pour venger une malédiction magique comporte un délai de trois jours (art. 29, § 67; p. 174, l. 29; p. 176, l. 15-16).

Suivant l'article 44, § 8 (p. 236, l. 27), l'espèce ici prévue donne lieu à saisie immédiate avec cinq jours de fourrière.

§ 30. A cause de l'injure produite par un sobriquet (p. 184, l. 17-18).

La saisie pratiquée contre le calomniateur comporte un délai de trois jours (art. 29, § 66; p. 174, l. 29-30; p. 176, l. 14-15; art. 29, § 78, p. 174, l. 31; p. 176, l. 25-26). Le sobriquet paraît plus grave que la calomnie, parce que le sobriquet s'attache définitivement à la personne (p. 192, l. 1-8); aussi quand la saisie a pour cause un sobriquet, le délai est allongé de deux jours. Il est allongé davantage plus bas, art. 34, § 9.

Suivant l'article 44, § 9 (p. 236, l. 27), la saisie occasionnée par le sobriquet est immédiate avec cinq jours de fourrière.

§ 31. Pour [exiger dédommagement du] procès injuste [par lequel on a voulu dépouiller] un fils de l'héritage paternel (p. 184, l. 18).

En attaquant la légitimité de sa naissance (p. 192, l. 3-6).

Suivant l'article 44, § 10 (p. 236, l. 27-28), la saisie est immédiate avec cinq jours de fourrière.

§ 32. Pour toute chose qui n'est pas faite régulièrement et dans la forme légale (p. 184, l. 18-19; p. 192, l. 7-9).

C'est-à-dire pour tous les cas non prévus dans les articles

qui traitent des délais d'un jour, trois jours et dix jours. La
saisie de cinq jours est la plus fréquente de toutes, dit l'article 48 (p. 250, l. 15-16).

CHAPITRE VIII.

SAISIE AVEC DÉLAI DE DIX JOURS.

Art. 33.

On fait acte de négligence toutes les fois qu'on allonge
un délai (p. 192, l. 10 et l. 16-18).

§ 1. Le délai de la saisie est de dix jours : toutes les
fois qu'on a dépassé la durée légale du délai (p. 192,
l. 10-11 et l. 18-22);

§ 2. Pour toute [assignation à comparaître devant] une
assemblée [qui doit se tenir hors] des limites [de la cité]
(p. 192, l. 11 et l. 22-26).

C'est-à-dire toutes les fois que le but de la saisie est de contraindre le défendeur à comparaître devant des arbitres qui se
réuniront dans le territoire d'une cité autre que la sienne. Il y
a exception à cette règle quand le saisissant est un poète, alors
le délai est de cinq jours ; on l'a vu plus haut (art. 32, § 28).
Il faut remarquer qu'en Irlande, les arbitres sont pris dans le
territoire de la cité du demandeur, en sorte que le procès avec
un demandeur qui appartient à une autre cité que le défendeur, impose au défendeur un déplacement onéreux.
Suivant l'article 47, § 3, dans l'espèce prévue par le présent
paragraphe, la saisie est immédiate avec dix jours de fourrière.

§ 3. Pour le parent de l'otage qui garantit l'exécution
d'un traité entre deux cités (p. 192, l. 11-12).

Suivant la glose, il s'agit d'une saisie pratiquée contre l'otage
quand le traité a été violé par un de ses parents (p. 192, l. 26-27).
Quand c'est l'otage lui-même qui a manqué à ses obligations,
la saisie est immédiate avec un jour de fourrière (art 38, § 7;
p. 214, l. 23-24).

2

§ 4. Pour mettre l'otage en possession de ses dommages-intérêts (p. 192, l. 12, et l. 32-33; p. 194, l. 1-2).

§ 5. Saisie contre un malade tant qu'il garde le lit (*littéralement* : tant qu'il est sur les peaux) (p. 192, l. 12-13; p. 194, l. 2-5).

Son privilège est une exception, *turbaid*.

§ 6. Saisie contre malade qui ne jouit pas de ses droits civils : la longueur du délai donnera aux parents du côté maternel et à ceux du côté paternel le temps d'éclaircir la question de savoir si ce sont les premiers ou les seconds qui doivent donner le gage (p. 192, l. 13-15).

Suivant la glose (p. 194, l. 17-19), la responsabilité des actes de ce malade incombe à ceux chez qui il loge; il y a doute quand il loge chez les uns et chez autres. A comparer plus bas l'art. 35, § 20.

En règle générale, les parents du côté de la mère ne sont pas responsables des crimes (*Ancient Laws*, t. IV, p. 240). Ils n'encourent la responsabilité que lorsqu'ils doivent hériter (art. 35, § 31; p. 202, l. 12). Ordinairement, la responsabilité du crime est supportée par la *geil fine* (père, frère, fils, petit-fils, femme) (t. I, p. 182, l. 22-23; t. IV, p. 240, l. 8-9; p. 242, l. 10; p. 282, l. 18; p. 284, l. 1-4), ensuite par la *derb fine*, c'est-à-dire les parents par les hommes qui, après la *geil fine*, sont aux degrés les plus rapprochés (peut-être grand-père, neveu, petit-neveu, cousin germain). Vient ensuite le seigneur, c'est-à-dire le bailleur du cheptel, s'il y en a un; puis celui qui fournit le lit du coupable (t. IV, p. 240, l. 10).

Art. 34.

§ 7. Saisie contre l'homme de quarante nuits (p. 194, l. 20).

Probablement l'homme qui, ayant déjà un autre procès, a pris l'engagement de comparaître devant arbitres au bout d'un délai de quarante nuits. Quarante nuits sont, dans la loi salique, le délai ordinaire accordé au défendeur pour comparaître en justice. Le glossateur se trompe quand il dit que c'est l'homme qui observe le carême (p. 196, l. 2).

§ 8. Saisie contre un homme qui est en voyage et qui est parti sans savoir qu'on allait entamer un procès contre lui : un seul témoin, en faisant cette déclaration sous la foi du serment, lui assurera un délai de dix jours (p. 194, l. 20-22; p. 196, l. 11 et suiv.).

§ 9. Saisie contre un homme qui a inventé un récit calomnieux (p. 194, l. 22; p. 198, l. 9 et suiv.).

Le délai est de trois jours seulement quand la saisie est pratiquée contre ceux qui ont répandu des bruits calomnieux (art. 29, § 73; p. 174, l. 31; p. 176, l. 25-26); en effet, en ce cas, l'importance de l'action est moins grande.

§ 10. Saisie contre l'homme qui doit se battre en duel (p. 194, l. 22-23).

La glose suppose que le duel a eu lieu, tandis que certainement le duel est futur; elle prétend aussi que le lieu de ce duel est situé hors du territoire de la cité (p. 198, l. 16-18). Or, le texte ne parle pas de cette condition.

§ 11. Saisie contre un homme qui s'est engagé à subir l'épreuve du chaudron (p. 194, l. 23).

C'est-à-dire de l'eau bouillante. Suivant la glose (p. 198, l. 18-21), le défendeur n'a droit à cette exception que si l'épreuve doit être subie hors du territoire de la cité; mais cette condition n'est pas mentionnée dans le texte.

§ 12. Saisie contre un homme dont la femme est en couches (p. 194, l. 23-24; p. 198, l. 21-25).

§ 13. Saisie contre un homme qui réunit les vivres dus au chef (p. 194, l. 24-25; p. 198, l. 25-28).

§ 14. Saisie contre quelqu'un à l'heure de l'offrande (p. 194, l. 25).

Il s'agit, dit la glose, d'une redevance en vivres payée au lecteur d'une église. L'effet du payement est de mettre sous la protection du lecteur celui qui fait le payement, et de lui assurer une exception, *turbaid* (p. 198, l. 29-30; p. 200, l. 1 et suiv.).

§ 15. Saisie contre homme de charrue (p. 194, l. 25-26).

C'est-à-dire contre celui qui est occupé à labourer sa terre (p. 200, l. 6-8).

§ 16. Saisie contre homme qui fait sa moisson (p. 194, l. 26).

En automne, dit la glose (p. 200, l. 9).

§ 17. Saisie contre homme qui viole le règlement du moulin sans le consentement de chacun (p. 194, l. 26-27).

Il s'agit d'un moulin qui appartient à plusieurs personnes. Un règlement détermine l'ordre dans lequel les copropriétaires feront moudre leur grain. Cet ordre a été interverti au profit d'un des copropriétaires, sans l'assentiment des autres (p. 200, l. 11 et suiv.). Quand on moud sans autorisation dans le moulin d'autrui, on s'expose à une saisie dont le délai est de trois jours seulement (art. 27, § 24; p. 162, l. 23).

§ 18. Saisie contre l'homme qui viole le règlement du four commun (p. 194, l. 27-28).

Quand on cuit dans le four d'autrui sans autorisation du propriétaire, le délai est de trois jours seulement (art. 27, § 23; p. 162, l. 23; p. 166, l. 2-4).

§ 19. Saisie contre le riche cultivateur à cause du nombre des convives qu'il reçoit (p. 194, l. 28; p. 200, l. 18 et suiv.).

Au contraire, la saisie pratiquée par lui, ou comporte un délai d'un jour (art. 20, § 42; p. 124, l. 3-4; p. 132, l. 31; p. 134, l. 1; — art. 20, § 73; p. 124, l. 15; p. 140, l. 2-7; — art. 20, § 83; p. 126, l. 2; p. 142, l. 10-11), ou est immédiate avec trois jours de fourrière (art. 42, § 23; p. 282, l. 2; p. 284, l. 18-21).

Art. 35.

§ 20. Saisie [de dix jours] contre l'homme à demi-incapable afin qu'on sache qui payera suivant [jugement de] la cour (p. 200, l. 28).

Suivant la glose (p. 202, l. 11-12), la responsabilité des actes de cet homme peut incomber à la ligne paternelle ou à la ligne maternelle; même, si cet homme est un étranger, celui qui lui fournit un lit peut être responsable. Les parents de la ligne maternelle sont responsables s'ils doivent hériter suivant la règle à laquelle fait allusion plus bas le § 31 de notre article (cf. art. 33, § 6).

§ 21. Saisie de dix jours pour partage de propriété (p. 200, l. 29).

Suivant la glose, cette règle s'applique, soit qu'il s'agisse de succession, soit qu'il s'agisse de montagnes [jusque-là indivises] (p. 202, l. 13). C'est le principe général auquel fait exception l'article 20, § 31 (p. 122, l. 19; p. 130, l. 30-31); le délai est d'un jour, quand l'objet à partager est une maison dont on vient d'hériter.

§ 22. Pour [exécution de] jugement (p. 200, l. 29).

Probablement relatif à partage.

§ 23. Pour la [jouissance de la] montagne commune qui domine tout (p. 200, l. 29-30).

Comparez, plus haut, le commentaire de l'art. 32, § 12, où le délai est de cinq jours. Voyez plus bas, § 30, une conséquence de principe posé ici.

§ 24. Pour ce que l'on a vu de loin sur les vagues de la mer (p. 200, l. 30; p. 202, l. 19-22).

Les objets que la mer rejette sur le rivage appartiennent au propriétaire du rivage; mais celui qui a vu ces objets venir de loin, a aussi un droit sur eux (p. 202, l. 20), probablement dans le cas où il prévient le propriétaire du rivage.

§ 25. Pour les objets de prix (p. 200, l. 30).

Quand il s'agit de vêtements dont on a un besoin urgent, le délai est d'un jour (art. 20, § 1; p. 122, l. 9). Cette règle s'étend aux broches et fibules dont on se sert pour attacher ou ces vêtements (p. 202, l. 21); mais elle ne s'applique pas aux bagues qui, suivant les cas, donnent lieu à saisie avec délai de trois, cinq ou dix jours (p. 202, l. 22-24).

§ 26. Pour fouille dans un cimetière (p. 200, l. 30, p. 202, l. 1).

C'est-à-dire pour violation de sépulture.

§ 27. Pour brisement d'os (p. 202, l. 1).

Le but peut être d'en tirer la moëlle pour faire des préparations magiques. Quelquefois, l'os brisé appartient au cadavre d'un homme dont le meurtre est cause d'un litige, et ce litige va donner lieu à un duel (p. 202, l. 30-33). Cf. art. 29, § 81.

§ 28. Pour barrage mis en travers d'un cours d'eau (p. 202, l. 1).

Le but de ce barrage est d'établir un vivier; le cours d'eau est commun à plusieurs propriétaires, et l'un d'eux prend plus que sa part. Ici le délai est de dix jours. Il est de trois jours seulement quand le procès est occasionné par la destruction d'un vivier (art. 27, § 9; p. 162, l. 24; p. 164, l. 10-11).

§ 29. Pour l'espionnage qui a trahi la cachette du guerrier (p. 202, l. 2; p. 206, l. 4-7).

§ 30. Pour s'être emparé d'un arbre dont un autre a précédemment pris possession dans le désert (p. 202, l. 2-3, p. 206, l. 7-9).

C'est une conséquence du principe posé plus haut au § 28.

Quand le défendeur s'est emparé d'un arbre au bois sacré situé dans le fort, le délai de la saisie pratiquée contre lui est d'un jour; quand l'arbre a été pris dans le bois qui appartient à un particulier hors du fort, le délai est de trois jours (art. 20, § 52; p. 134, l. 20; — art. 30, p. 182, l. 1-2). Il s'agit ici d'un arbre situé dans un terrain qui n'est la propriété de personne ; mais quelqu'un a déjà pris possession de cet arbre qui a ainsi cessé d'être *res nullius*.

§ 31. Pour partager l'héritage de l'homme dont le père était fils de ta sœur [ou de la sœur de ton ascendant] : les contrats désavantageux faits par lui, par son père ou par sa mère détruiraient la propriété de la famille : ni lui, ni son père, ni sa mère, n'avaient le droit d'aliéner par vente ni autrement le bien qu'ils ont reçu (p. 202, l. 3-6).

Dans le droit le plus ancien, les femmes ne pouvaient hériter de leur père. Au septième siècle, date de la *Collection canonique irlandaise*, il a été admis que les femmes hériteraient de leur père, en concurrence avec les fils. Le chapitre 17 du livre XXXII de cette *Collection* est intitulé : « *de eo quod dare debet pater hereditatem filiæ inter fratres suos*. Mais les filles qui avaient hérité du père ne pouvaient transmettre l'héritage à leurs fils, et au moment où elles recevaient l'héritage, elles donnaient caution de la restitution (*ibid.*, l. XXXII, c. 20). Suivant notre texte, la restitution n'a lieu qu'après la mort du petit-fils de la fille héritière ; mais la glose retire une partie de cette faveur, et dit que la restitution a lieu après la mort du fils de cette femme (p. 206, l. 16).

La règle énoncée dans les textes canoniques se retrouve dans les textes de droit civil : *Ban adba taisic* (maison de femme revient) (*Ancient Laws*, t. IV, p. 18, l. 12). Le bien donné par le père à sa fille s'appelait héritage de main ou de cuisse : *orba cruib no sliasta* (*Ancient Laws*, t. I, p. 148, l. 5 ; t. III. p. 48, l. 1 ; t. IV, p. 14, l. 26 ; p. 40, l. 13 ; p. 44, l. 14 ; p. 46, l. 4.

Sur la validité des contrats, voyez *Ancient Laws*, t. III, p. 2-12.

TOULOUSE. — IMP. A. CHAUVIN ET FILS, RUE DES SALENQUES, 28.